LAROUSSE
DAS SOBREMESAS INFALÍVEIS

LAROUSSE DAS SOBREMESAS INFALÍVEIS

INTRODUÇÃO

Você é uma pessoa apaixonada por doces, mas, na hora de fazer tortas e sobremesas, sempre bate um pouco de insegurança?

Esse tempo acabou! Esqueça seus temores e preconceitos e prepare suas receitas favoritas! Este livro apresenta 200 receitas de guloseimas doces, todas muito fáceis de preparar e com um mínimo de ingredientes, para diversas ocasiões: de um bolo invernal, quente e reconfortante, a sobremesas incríveis e refinadas para noites mais chiques, além de sobremesas leves e refrescantes próprias para o verão ou petiscos rápidos para as crianças levarem de lanche (ou para beliscar com os amigos!). Algumas receitas não precisam nem ir ao forno!

Como as receitas são curtas e bem ilustradas, não há perigo de você se enganar ou se perder no meio da explicação: apenas seis ingredientes principais e, no máximo, quatro etapas serão necessários para lhe dar satisfação, impressionar seus convidados e finalizar uma refeição com um toque doce e delicioso!

Merengues, suflês, sorbets, galetes, tortas, sablés, musses, pudins, bolos de Natal, charlotes, cheese-cakes... No fim, o mais difícil não será prepará-los, e sim reparti-los!

SUMÁRIO

Sobremesas clássicas

Génoise (pão de ló francês) 10
Bolo de iogurte 12
Bolo básico 14
Bolo mármore 16
Bolo cremoso de chocolate 18
Brownie com noz-pecã 20
Bolo de chocolate com amêndoa 22
Bolo-torta de avelã 24
Bolo de especiarias 26
Bolo de frutas 28
Bolo de semolina com uvas-passas 30
Bolo glaçado de amêndoa 32
Bolo brevidade 34
Torta de ricota 36
Torta de cereja 38
Bolo tipo kouign-amann 40
Bolo pudim de ameixa-preta 42
Torta cremosa de baunilha 44
Clafoutis de cereja 46
Cheesecake de limão 48
Bolo glaçado de limão e amêndoa 50
Bolo de abacaxi 52
Crumble de ameixa vermelha e biscoito
   de amêndoa 54
Tiramisù clássico 56
Torta musse de chocolate rápida 58
Suflê de chocolate 60
Rocambole de creme de avelã com cacau ... 62
Carolina açucarada 64

Tortas e tortinhas

Torta amanteigada 66
Torta de pera 68
Torta de maçã 70
Torta de damasco 72
Torta merengue de limão 74
Torta de frutas com creme de amêndoa ... 76
Torta de ruibarbo e framboesa 78
Torta de abacaxi e coco 80
Torta tatin de pera 82
Torta tatin de pêssego 84
Torta tatin de kiwi e limão 86
Torta de maçã à moda inglesa 88
Tortinha de morango 90
Tortinha de manga e tomilho 92
Tortinha de praliné rosa 94
Tortinha de maçã em flor 96
Tortinha de mirtilo e baunilha 98
Torta de chocolate 100
Torta de chocolate com chá preto Earl Grey ... 102
Tortinha de noz-pecã 104
Tortinha de chocolate branco 106
Tortinha de balas de caramelo 108
Tortinha de banana e creme de avelã
   com cacau 110
Tortinha de pasta de amendoim 112
Torta sol de pera e creme de avelã
   com cacau 114
Torta sol de morango 116
Minipizza doce de pera e chocolate 118
Pizza doce de nectarina e manjericão ... 120
Pizza doce de chocolate e caramelo 122

Bolinhos e biscoitos

Petit gâteau de chocolate amargo	124
Canelé de Bordeaux	126
Canelé de groselha	128
Cupcake com creme de baunilha	130
Cupcake com cereja	132
Financier de mel	134
Madeleine de limão	136
Cocadinha rápida	138
Pastel de nata	140
Amaretto (biscoito italiano)	142
Scone (biscoito irlandês)	144
Minibrioche	146
Barquete de chocolate e banana	148
Barquete de marrom-glacê	150
Barquete de framboesa	152
Pavlova de frutas vermelhas	154
Merengue de framboesa	156
Suspiro colorido	158
Macaron de amêndoa	160
Língua de gato	162
Cookie com gotas de chocolate	164
Biscoito bretão	166
Shortbread (biscoito inglês)	168
Biju	170
Barrinha com glacê de laranja	172
Amanteigado integral com geleia	174
Amanteigado de flor de laranjeira	176
Amanteigado de amêndoa e canela	178
Biscoito diamante	180
Delícia de nozes	182

Cremes, musses e sobremesas

Ovos nevados	184
Crème brûlée	186
Ovos ao leite	188
Tacinha de creme de baunilha	190
Flã de cacau	192
Tacinha de banana e chocolate	194
Zabaione de limão	196
Pavê de chocolate e maracujá	198
Flã de abacaxi e coco	200
Flã de chocolate e coco	202
Musse clássica de chocolate amargo	204
Musse de caramelo cremoso	206
Dueto de musses de caramelo e de chocolate branco	208
Musse de morango	210
Musse de framboesa	212
Musse de coco e limão	214
Arroz-doce clássico	216
Arroz-doce com coco e maracujá	218
Sagu de frutas cítricas	220
Panna cotta com calda de framboesa	222
Vacherin fácil	224
Fontainebleau com calda de amora	226
Pudim de baunilha com calda de framboesa	228
Pavê de pêssego com chantili	230
Tigelinha de ricota e laranja	232
Sopa fria de pêssego com sorvete de iogurte	234
Sopa fria de melão com hortelã	236

Cremes, musses e sobremesas (continuação)

Sopa fria de frutas cítricas com especiarias......238
Sopa fria de frutas tropicais com amêndoas 240
Taça de creme e marrom-glacê................242
Mont-blanc no pote 244
Cheesecake de morango no pote.................246
Rolinho primavera de manga com calda
 de maracujá 248
Rolinho primavera de banana com chocolate
 e caramelo 250
Rolinho primavera de frutas com calda
 de chocolate 252
Trouxinha de manga com calda de
 chocolate amargo 254

Sobremesas geladas

Sorbet rápido de framboesa e manjericão.........256
Sorbet de morango com suspiro.................258
Sorvete de limão..............................260
Sorbet de frozen margarita 262
Sorvete de baunilha com flocos
 de chocolate 264
Sorvete de iogurte............................266
Sorvete de iogurte e melão 268
Sorvete de banana e abacaxi caramelizado 270
Sorvete cremoso de abacaxi e coco.............272
Sorvete de marshmallow........................274
Picolé de suco de frutas 276
Raspadinha de limão...........................278
Raspadinha de manga e folhas
 de limão-kaffir 280
Pêssego Melba 282
Sorvete de pera e baunilha.................... 284
Charlote gelada de limão 286
Suflê gelado de morango 288
Parfait de pistache...........................290
Semifreddo de frutas vermelhas 292
Semifreddo tutti frutti.......................294
Semifreddo de café e pistache.................296
Vacherin de capim-limão e damasco.................298
Canelé gelado de cereja e praliné 300
Alasca de chocolate e baunilha................302

Sobremesas de festa

Bolo merengue com chocolate e avelã 304
Maravilha de praliné e chocolate branco 306
Bolo Floresta Negra 308
Banoffee rápida 310
Naked cake com framboesas...................................312
Pavê de ameixa-preta 314
Mil-folhas de praliné com biscoito
    crêpe dentelle 316
Mil-folhas de mirtilo e creme de violeta 318
Cestinha de framboesa...320
Bolo mágico de cacau...322
Torta mágica de limão 324
Bolo mágico de creme de avelã com cacau 326
Rocambole com geleia 328
Marquise de chocolate... 330
Charlote de morango..332
Charlote de pera caramelizada 334
Taça de frutas com creme 336
Massa choux... 338
Samanta... 340
Profiterole de amêndoa e chocolate 342
Bomba de caramelo cremoso 344
Carolina com chantili.. 346
Bomba de chantili com framboesa..................... 348
Torta de Reis com creme de amêndoa 350
Salame de chocolate e castanha portuguesa 352
Rocambole de cacau e cumaru 354
Tangerina gelada..356
Trufa de chocolate 358
Biscoito de Natal com especiarias......................360

A hora do lanche

Brioche trançado...362
Crepe de chocolate com creme de avelã........... 364
Crepe de maçã com calda de caramelo..............366
Waffle clássico de limão e açúcar....................... 368
Rabanada..370
Pão enrolado de banana e caramelo 372
Baguete recheada com creme de avelã
    com cacau 374
Churros..376
Crumble de pera...378
Maçã assada 380
Trouxinha de maçã e uvas-passas 382
Papillote tropical com baunilha........................... 384
Falso ovo frito 386
Carolina crocante com
    amendoim confeitado.................................388
Fondue de chocolate com frutas frescas 390
Caramelo cremoso 392
Creme de morango 394
Compota de maçã com framboesa
    e merengue...396
Creme de limão...398
Limonada à moda antiga 400
Laranjada clássica.. 402
Smoothie de banana e maracujá com
    leite de arroz 404
Milk-shake de banana e creme de avelã
    com cacau 406
Milk-shake de cookies e baunilha........................ 408

GÉNOISE
(pão de ló francês)

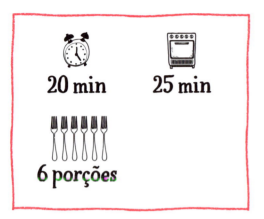

20 min 25 min

6 porções

Ovos
4

Açúcar
140 g

Manteiga
40 g (derretida)

Farinha de trigo
140 g

1 Em um recipiente refratário, coloque os ovos e despeje o açúcar aos poucos, mexendo bem. Leve ao banho-maria e mexa até a mistura engrossar. Retire do fogo e bata até esfriar.

2 Misture duas colheradas da preparação com a manteiga derretida. Aos poucos, adicione a farinha ao restante da preparação de ovos e incorpore-a delicadamente à mistura de manteiga.

3 Despeje a massa numa fôrma redonda untada com manteiga e leve ao forno pré-aquecido (180 °C) por 25 minutos.

BOLO
de iogurte

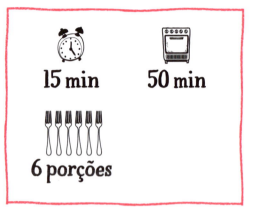

15 min   50 min

6 porções

1 Misture o iogurte com os ovos, o açúcar, as raspas de laranja e a manteiga. Adicione aos poucos a farinha e o fermento peneirados.

2 Disponha a massa numa fôrma de bolo inglês untada com manteiga e enfarinhada e leve ao forno preaquecido (160 °C) por cerca de 50 minutos.

Iogurte natural
1 pote

Ovos
3

Açúcar demerara
1½ pote (use o de iogurte para medir)

Manteiga
80 g

Farinha de trigo
3 potes (use o de iogurte para medir)

... e também um pouco de

Fermento químico em pó (10 g)
Raspas da casca de ½ laranja

Sobremesas clássicas 12

BOLO
básico

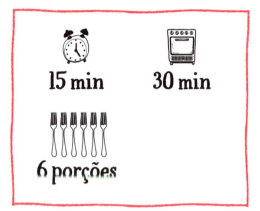

15 min — 30 min — 6 porções

1 Bata os ovos com o açúcar até que a mistura fique homogênea e dobre de volume. Junte a manteiga e mexa bem.

2 Adicione aos poucos a farinha e o fermento peneirados. Acrescente o rum.

3 Disponha a massa numa fôrma untada com manteiga e enfarinhada. Leve ao forno preaquecido (200 °C) por 30 minutos.

Ovos
3

Açúcar
150 g

Manteiga com sal
150 g (derretida)

Farinha de trigo
150 g

Fermento químico em pó
10 g

Rum
2 colheres (sopa)

Sobremesas clássicas

BOLO
mármore

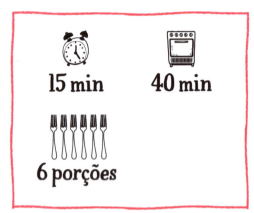
15 min · 40 min · 6 porções

1 Separe as claras das gemas. Bata a manteiga com o açúcar, junte as gemas, continue batendo e acrescente, aos poucos, a farinha e o fermento peneirados. Divida a massa em duas partes e incorpore em uma delas o cacau diluído no leite.

2 Bata as claras em neve com uma pitada de sal, divida na metade e incorpore delicadamente cada metade do merengue nas duas partes da massa.

3 Numa fôrma de bolo inglês untada com manteiga, disponha uma camada da massa de chocolate e em seguida outra camada da massa clara. Repita as camadas até acabarem as massas. Com um garfo, faça um delicado movimento de espiral, de baixo para cima, começando em uma ponta da fôrma até a outra de modo que as massas fiquem ligeiramente misturadas. Leve ao forno preaquecido (180 °C) por 40 minutos.

Manteiga
175 g (derretida)

Açúcar
200 g

Ovos
3

Farinha de trigo
175 g

Cacau em pó
25 g

... e também um pouco de
Fermento químico em pó (5 g)
Leite (3 colheres de sopa)

Sobremesas clássicas

BOLO CREMOSO
de chocolate

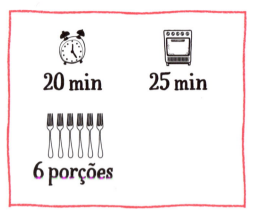

20 min · 25 min · 6 porções

1 Derreta, em banho-maria, o chocolate picado e a manteiga cortada em cubos. Separe as claras das gemas. Bata as claras em neve firme com uma pitada de sal.

2 Bata o açúcar com as gemas e incorpore as claras em neve. Acrescente a mistura de chocolate e manteiga e mexa bem. Junte a farinha e bata até a massa diminuir um pouco de volume.

3 Disponha a massa numa fôrma redonda untada com manteiga. Leve ao forno preaquecido (250 °C) por 5 minutos, então, reduza a temperatura para 150 °C e asse por mais 20 minutos.

Chocolate amargo
250 g

Manteiga
125 g

Ovos
8

Açúcar
180 g

Farinha de trigo
50 g

BROWNIE
com noz-pecã

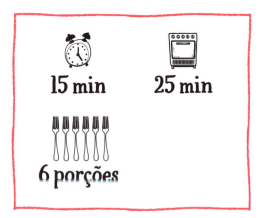

15 min   25 min

6 porções

1 Derreta, em banho-maria, o chocolate picado e a manteiga cortada em cubos.

2 Bata os ovos com o açúcar até obter uma preparação ligeiramente espumante. Junte a farinha, bata por 2 minutos e incorpore as nozes picadas e a mistura de chocolate e manteiga.

3 Numa fôrma retangular untada com manteiga e enfarinhada, disponha a massa até a altura de ¾ das laterais. Leve ao forno preaquecido (180 °C) por 20 a 25 minutos.

Chocolate amargo
180 g

Noz-pecã
120 g

Manteiga
150 g

Ovos
3

Açúcar
300 g

Farinha de trigo
125 g

Sobremesas clássicas

BOLO DE CHOCOLATE
com amêndoa

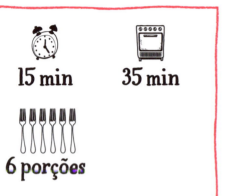

15 min | 35 min | 6 porções

1 Separe as claras das gemas. Derreta em banho-maria o chocolate picado e a manteiga cortada em cubos. Retire do fogo e incorpore as gemas. Junte o açúcar, a farinha de amêndoas, a farinha de trigo e misture bem.

2 Bata as claras em neve firme. Misture duas colheradas desse merengue à preparação de chocolate e, então, incorpore delicadamente o restante.

3 Disponha as amêndoas no fundo de uma fôrma redonda untada com manteiga. Despeje a massa por cima e leve ao forno preaquecido (150 °C) por 35 minutos.

Chocolate amargo
200 g

Manteiga
200 g

Ovos
6

Açúcar
100 g

Farinha de trigo
50 g

... e também um pouco de
Farinha de amêndoa (75 g)
Amêndoas laminadas (25 g)

Sobremesas clássicas

BOLO-TORTA
de avelã

20 min   **45 min**

6 porções

1 Toste as avelãs numa assadeira por 15 minutos no forno preaquecido (150 °C).

2 Misture as claras com o açúcar. Junte as avelãs, a farinha peneirada e misture de novo. Incorpore a manteiga derretida.

3 Aumente a temperatura do forno para 200 °C. Disponha a massa numa fôrma redonda untada com manteiga e asse por 30 minutos. Antes de servir, polvilhe com o açúcar de confeiteiro.

Avelã picada
130 g

Claras
6

Açúcar
160 g

Farinha de trigo
40 g

Manteiga
100 g (derretida)

Açúcar de confeiteiro
2 colheres (sopa)

Sobremesas clássicas

BOLO
de especiarias

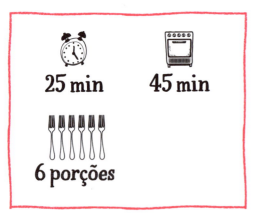

25 min — 45 min

6 porções

1 Derreta a manteiga com o mel. Misture a farinha com o bicarbonato e o mix de especiarias. Bata o ovo com o leite e adicione, junto com a manteiga derretida, à mistura de farinha. Bata bem até obter uma massa homogênea.

2 Disponha a massa numa fôrma de bolo inglês untada com manteiga e leve ao forno preaquecido (180 °C) por 45 minutos até o bolo crescer bem e ficar dourado.

💡 Você pode conservar o bolo por alguns dias embrulhado num pano de prato: ele ficará ainda melhor no dia seguinte!

💡 Trata-se da mistura de quatro tipos de especiarias, todas em pó: pimenta-do-reino (ou pimenta-do-reino branca ou pimenta-da-jamaica), cravo-da-índia, noz-moscada e gengibre (ou canela).

Manteiga com sal
110 g

Mel
325 g

Farinha de trigo
270 g

Mix de quatro especiarias
3 colheres (chá), ver dica

... e também um pouco de

Bicarbonato de sódio
(1 colher de sopa)

Leite (130 ml)

Ovo
1

Sobremesas clássicas 26

BOLO
de frutas

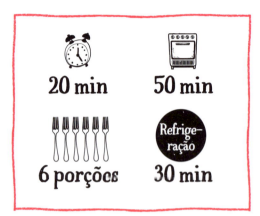

20 min | 50 min
6 porções | Refrigeração 30 min

1 Coloque as uvas-passas de molho em um pouco de água.

2 Bata a manteiga com o açúcar até obter uma mistura homogênea. Junte os ovos um a um, misturando bem a cada adição. Incorpore a farinha e o fermento, as uvas-passas escorridas e as frutas cristalizadas picadas. Mexa bem e leve à geladeira por, pelo menos, 30 minutos.

3 Disponha a massa numa fôrma de bolo inglês de 25 cm de comprimento forrada com papel-manteiga untado com manteiga. Leve ao forno preaquecido (200 °C) por 10 minutos, abaixe a temperatura para 160 °C e asse por mais 40 minutos.

Uvas-passas pretas
100 g

Frutas cristalizadas
100 g

Manteiga
130 g (em temperatura ambiente)

Ovos
3

Farinha de trigo
180 g

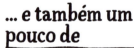

... e também um pouco de

Açúcar (80 g)

Fermento químico em pó (10 g)

Sobremesas clássicas

BOLO
de semolina com uvas-passas

25 min — **25 min**
4 porções — **Molho 30 min**

1 Deixe as uvas-passas de molho na água de flor de laranjeira por 30 minutos.

2 Aqueça o leite com 100 g de açúcar e acrescente a semolina aos poucos. Deixe engrossar, mexendo sem parar. Bata os ovos e junte-os a essa mistura, depois, junte as uvas-passas e a água de flor de laranjeira.

3 Em outra panela, aqueça o açúcar restante com algumas gotas de água até virar caramelo. Despeje-o numa fôrma alta e espalhe-o bem nas laterais. Disponha a massa de semolina e leve ao forno preaquecido (180 °C) por 20 minutos.

Semolina
135 g

Uvas-passas pretas
70 g

Água de flor de laranjeira
2 colheres (sopa)

Leite integral
1 litro

Açúcar
190 g

Ovos
3

Sobremesas clássicas 30

BOLO
glaçado de amêndoa

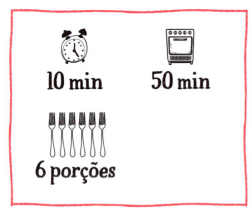

10 min 50 min

6 porções

1 Bata a manteiga, o açúcar e a farinha de amêndoa até a mistura ficar cremosa. Incorpore os ovos um a um, depois, a farinha de trigo, a geleia e 50 ml de rum. Continue a bater até a preparação ficar espumante.

2 Disponha a massa numa fôrma redonda untada com manteiga e leve ao forno preaquecido (180 °C) por 40 a 50 minutos. Se a superfície dourar demais, cubra-a com papel-alumínio.

3 Misture o rum restante com o açúcar de confeiteiro formando um glacê e espalhe esse glacê sobre o bolo frio.

Manteiga com sal
125 g (em temperatura ambiente)

Açúcar
125 g

Farinha de amêndoa
100 g

Ovos
3

Farinha de trigo
40 g

... e também um pouco de

Geleia de damasco (2 colheres de sopa)

Rum (100 ml)

Açúcar de confeiteiro (100 g)

Sobremesas clássicas

BOLO
brevidade

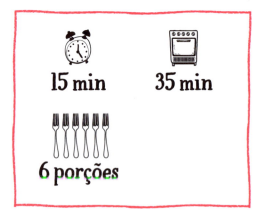

15 min 35 min

6 porções

1 Separe as claras das gemas. Bata os dois tipos de açúcar com as gemas até a mistura ficar homogênea.

2 Bata as claras em neve firme com uma pitada de sal e incorpore-as delicadamente à massa, alternando com a farinha e o amido de milho peneirados juntos.

3 Disponha a massa numa fôrma untada com manteiga e polvilhada com amido de milho. Leve ao forno preaquecido (160 °C) por 35 minutos.

Açúcar
90 g

Açúcar de baunilha
8 g

Ovos
4

Farinha de trigo
50 g

Amido de milho
60 g

Sobremesas clássicas

TORTA
de ricota

15 min   40 min

4 porções

1 Raspe a casca dos limões tomando cuidado para não retirar a parte branca junto. Bata os ovos com o açúcar até a mistura ficar espumante. Junte a ricota e as raspas da casca dos limões e continue a bater.

2 Disponha a massa numa fôrma redonda untada com manteiga. Leve ao forno preaquecido (180 °C) por 15 minutos, reduza a temperatura para 160 °C e asse por mais 25 minutos. Sirva quente ou fria.

Ricota
500 g

Limão-siciliano
2 (raspas da casca)

Ovos
4

Açúcar
150 g

Sobremesas clássicas

TORTA
de cereja

30 min | 25 min
4 porções | Refrigeração 30 min

1 Bata o açúcar com a manteiga até a mistura ficar bem homogênea. Incorpore o ovo inteiro, depois, a farinha de trigo, o fermento, a farinha de amêndoa e uma pitada de sal. Forme uma bola sem trabalhar a massa. Leve ao refrigerador por 30 minutos.

2 Com um rolo de massa, estenda dois discos de 5 mm de espessura. Disponha um disco numa fôrma redonda untada com manteiga. Espalhe a geleia na superfície. Pincele as bordas com a gema batida e disponha o segundo disco de massa. Pincele a superfície com a gema extra e desenhe quadradinhos com uma faca. Leve ao forno preaquecido (180 °C) por 25 minutos.

Açúcar mascavo
150 g

Manteiga
120 g (em temperatura ambiente)

Ovos
1 inteiro + 1 gema

Farinha de trigo
230 g

Geleia de cereja
100 g

... e também um pouco de
Fermento químico em pó (5 g)
Farinha de amêndoa (40 g)

Sobremesas clássicas 38

BOLO
tipo kouign-amann

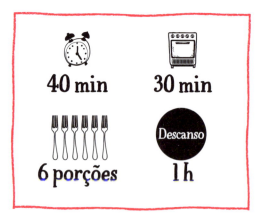

40 min — 30 min — 6 porções — Descanso 1 h

Manteiga com sal
10 g (derretida) + 200 g (em temperatura ambiente)

Fermento biológico seco
10 g

Farinha de trigo
300 g

Açúcar
200 g

1 Dissolva o fermento em 200 ml de água morna. Peneire a farinha numa tigela, junte o fermento e a manteiga derretida e trabalhe a massa por 10 minutos. Cubra com um pano de prato e deixe descansar por 1 hora.

2 Abra a massa num disco grande. Espalhe por cima a manteiga em temperatura ambiente, deixando uma borda de 2 cm, cubra com o açúcar. Dobre a massa duas vezes formando um triângulo. Deixe descansar por 5 minutos e abra-a em formato de retângulo. Então, dobre a massa em quatro e abra-a novamente em forma de retângulo. Enrole-a como um caracol e coloque a parte em que aparece o caracol virada para cima, achate a massa formando um disco.

3 Disponha a massa numa fôrma redonda untada com manteiga e polvilhada com açúcar. Leve ao forno preaquecido (200 °C) por 30 minutos, cobrindo com papel-alumínio no fim do cozimento.

Kouign-amann (torta de manteiga) é um termo bretão, idioma mais próximo do celta que do francês. A massa do bolo que leva esse nome tem a textura do croissant.

BOLO PUDIM
de ameixa-preta

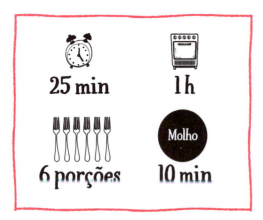

25 min — 1 h
6 porções — Molho 10 min

1 Coloque as ameixas de molho em um pouco de água quente por 10 minutos.

2 Bata os ovos com o açúcar, o rum e o açúcar de baunilha. Acrescente o leite. Em uma tigela grande, coloque a farinha e, usando o batedor, incorpore aos poucos a preparação de ovos.

3 Disponha a massa numa fôrma retangular untada com manteiga e espalhe na superfície as ameixas escorridas. Leve ao forno preaquecido (180 °C) por aproximadamente 1 hora.

__Ameixas-pretas__
30 (sem caroço)

__Ovos__
6

__Açúcar__
150 g

__Leite__
750 ml

__Farinha de trigo__
180 g

__... e também um pouco de__

Rum (3 colheres de sopa)

Açúcar de baunilha (16 g)

Sobremesas clássicas 42

TORTA
cremosa de baunilha

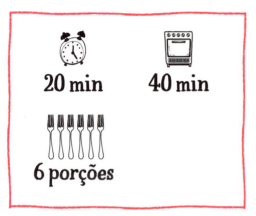

20 min — 40 min — 6 porções

Leite
1 litro

Fava de baunilha
2

Ovos
5

Amido de milho
70 g

Açúcar
100 g

Massa sablée
1

1 Ferva o leite com as favas de baunilha abertas. Enquanto isso, bata os ovos com o amido de milho e o açúcar, então, despeje suavemente o leite coado, continuando a bater.

2 Leve a preparação ao fogo por 2 ou 3 minutos, mexendo até engrossar ligeiramente.

3 Abra a massa sablée numa fôrma de torta e coloque a preparação sobre ela. Asse em forno preaquecido (180 °C) por 30 a 40 minutos. Sirva fria.

Para fazer a massa sablée, misture com a ponta dos dedos 125 g de manteiga, 250 g de farinha de trigo e uma pitada de sal, formando uma farofa grossa. Adicione 1 ovo e amasse até obter uma massa macia. Se necessário, junte um pouquinho de água para dar liga. Refrigere por 30 minutos antes de usar.

Sobremesas clássicas

CLAFOUTIS
de cereja

15 min | 40 min
6 porções | Descanso 30 min

1 Misture as cerejas com metade do açúcar e deixe descansar por 30 minutos.

2 Peneire a farinha numa tigela, junte uma pitada de sal e o restante do açúcar. Acrescente os ovos, o leite e bata.

3 Disponha as cerejas numa fôrma retangular e adicione a massa. Leve ao forno preaquecido (180 °C) por 35 a 40 minutos. Depois que esfriar, polvilhe com açúcar de confeiteiro.

Como variação, você pode fazer esta receita da mesma forma usando ameixas frescas sem caroço. Para isso, acrescente à massa 30 ml de aguardente dessa fruta.

Cereja fresca
500 g (sem o cabo e o caroço)

Açúcar
100 g

Farinha de trigo
125 g

Ovos
3

Leite
300 ml

Açúcar de confeiteiro
2 colheres (sopa)

CHEESECAKE
de limão

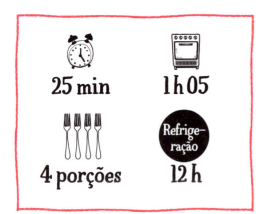

25 min • 1 h 05
4 porções • Refrigeração 12 h

1 Amasse grosseiramente os bijus, junte a margarina e misture bem. Disponha a preparação numa fôrma de fundo removível. Leve ao forno preaquecido (180 °C) por 15 minutos. Retire a fôrma do forno e reduza a temperatura para 150 °C.

2 Bata o cream cheese com os ovos e o açúcar. Incorpore as raspas da casca e o suco do limão. Disponha a mistura sobre a massa na fôrma e alise a superfície. Leve ao forno por 50 minutos. Deixe esfriar completamente dentro do forno e, depois, leve à geladeira por 12 horas.

Biju
90 g (receita na p. 170)

Limão-siciliano
1

Margarina
30 g (derretida)

Cream cheese
400 g

Ovos
3

Açúcar
70 g

BOLO GLAÇADO
de limão e amêndoa

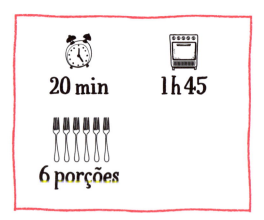

20 min — 1 h 45 — 6 porções

1 Corte 2 limões em 8 pedaços e ponha-os numa panela com água até a altura de 1 centímetro. Tampe e cozinhe em fogo baixo por 1 hora.

2 Bata no liquidificador os limões cozidos e o suco do cozimento. Junte os ovos, bata mais um pouco e adicione o açúcar, a farinha de amêndoa e, por fim, o fermento. Bata novamente.

3 Disponha a massa numa fôrma redonda forrada com papel-manteiga untado com óleo e leve ao forno preaquecido (160 °C) por 45 minutos.

4 Misture o suco do limão restante com o açúcar de confeiteiro. Despeje metade dessa mistura sobre o bolo ainda quente e a outra metade quando ele estiver frio.

Limão-siciliano
3

Farinha de amêndoa
125 g

Ovos
6

Açúcar
150 g

Fermento químico em pó
10 g

Açúcar de confeiteiro
80 g

BOLO
de abacaxi

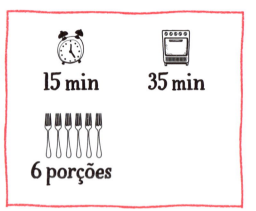

15 min • 35 min • 6 porções

1 Coloque 75 g de açúcar com 3 colheres (sopa) de água numa panela pequena e leve ao fogo baixo até formar um caramelo dourado e espesso. Despeje-o no fundo de uma fôrma redonda. Disponha sobre ele as fatias de abacaxi escorridas e reserve.

2 Bata os ovos com o restante do açúcar. Incorpore a manteiga e, depois, a farinha de trigo e o fermento, peneirados. Disponha a massa sobre o abacaxi e leve ao forno preaquecido (200 °C) por aproximadamente 35 minutos.

Se quiser, use abacaxi fresco, principalmente se estiver bem maduro. O bolo fica muito perfumado!

Açúcar
275 g

Abacaxi em calda
150 g

Ovos
4

Manteiga
200 g (derretida)

Farinha de trigo
200 g

Fermento químico em pó
2 colheres (chá)

Sobremesas clássicas

CRUMBLE DE AMEIXA VERMELHA
e biscoito de amêndoa

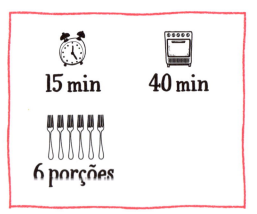

15 min
40 min
6 porções

1 Corte as ameixas e retire o caroço. Coloque-as em uma fôrma retangular e polvilhe com o açúcar de baunilha. Misture e reserve.

2 Bata grosseiramente no liquidificador os biscoitos e as amêndoas laminadas. Adicione a pasta e a farinha de amêndoa e misture bem até obter uma massa granulada.

3 Distribua a massa sobre as ameixas na fôrma. Leve ao forno preaquecido (180 °C) por 40 minutos.

Ameixa vermelha
1 kg

Açúcar de baunilha
4 colheres (sopa)

Amaretto
200 g (receita na p. 142)

Amêndoas laminadas
150 g

Pasta de amêndoa
150 g

Farinha de amêndoa
250 g

Sobremesas clássicas 54

TIRAMISÙ
clássico

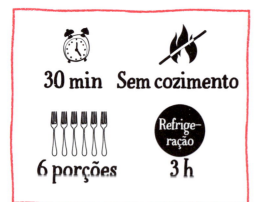

30 min — Sem cozimento
6 porções — Refrigeração 3 h

Mascarpone
100 g

Creme de leite fresco
200 ml (bem gelado)

1 Bata o mascarpone com o creme de leite até obter um chantili espesso. Bata as gemas com o açúcar. Incorpore essa mistura delicadamente ao creme batido.

2 Mergulhe cada biscoito rapidamente no café e disponha-os no fundo de uma travessa retangular. Distribua sobre eles metade do creme, coloque outra camada de biscoitos e cubra com o creme restante.

3 Leve à geladeira por, pelo menos, 3 horas. Antes de servir, polvilhe o tiramisù com cacau e açúcar de confeiteiro.

Gemas
4

Açúcar
60 g

Biscoitos champanhe
25

... e também um pouco de

Café forte preparado (200 ml)

Cacau em pó
(2 colheres de sopa)

Açúcar de confeiteiro
(2 colheres de sopa)

Sobremesas clássicas   56

TORTA MUSSE
de chocolate rápida

15 min — Sem cozimento
6 porções — Refrigeração 5 h

1 Triture os biscoitos e disponha-os numa fôrma redonda de fundo removível.

2 Derreta o chocolate em metade do creme de leite e misture. Bata o restante do creme até obter um chantili bem consistente. Incorpore-o ao chocolate e disponha a preparação sobre a base de biscoitos na fôrma. Alise a superfície e leve à geladeira por 5 horas.

3 Para desenformar, passe a lâmina de uma faca molhada em água quente nas laterais da fôrma e remova delicadamente o aro.

💡 Sirva a torta com creme praliné ou creme inglês aromatizado com café.

Biscoito amanteigado de chocolate
100 g

Chocolate ao leite
200 g

Creme de leite fresco
300 ml (bem gelado)

Sobremesas clássicas

SUFLÊ
de chocolate

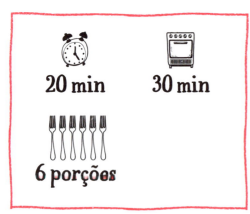

1 Corte o chocolate em pedaços e derreta-o em banho-maria. Quando estiver quente, incorpore as gemas uma a uma, misturando bem a cada adição. Adicione o amido de milho e mexa rapidamente.

2 Bata as claras em neve firme com uma pitada de sal, acrescentando o açúcar aos poucos. Misture 2 colheradas desse merengue ao creme de chocolate e, depois, incorpore o restante delicadamente.

3 Disponha a massa numa fôrma de suflê e leve ao forno preaquecido (200 °C) por 25 minutos. Polvilhe levemente com o cacau e sirva em seguida.

Chocolate amargo
150 g

Ovos
5

Amido de milho
15 g

Açúcar
50 g

Cacau em pó
1 colher (sopa)

ROCAMBOLE
de creme de avelã com cacau

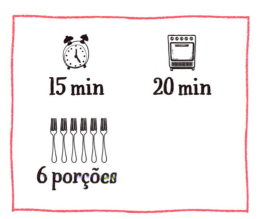

15 min — 20 min — 6 porções

1 Separe as claras das gemas. Bata as claras em neve com uma pitada de sal. Bata as gemas com o açúcar até a mistura ficar homogênea e junte a farinha. Incorpore as claras batidas.

2 Disponha a massa numa assadeira retangular forrada com papel-manteiga e leve ao forno preaquecido (180 °C) por 10 a 15 minutos.

3 Retire o bolo do forno. Com a ajuda do papel-manteiga, enrole-o como rocambole e deixe esfriar por alguns minutos. Desenrole-o, remova o papel-manteiga, recheie-o com o creme de avelã com cacau e enrole-o novamente.

4 Derreta o chocolate em banho-maria. Espalhe-o sobre o rocambole e deixe-o endurecer em temperatura ambiente.

Creme de avelã com cacau
200 g

Ovos
4

Açúcar
120 g

Farinha de trigo
40 g

Chocolate amargo
50 g

Sobremesas clássicas

CAROLINA
açucarada

30 min   30 min

6 porções

Massa choux
1 receita (p. 338)

Óleo vegetal

Açúcar de confeiteiro

1 Aqueça o óleo a uma temperatura entre 170 °C e 180 °C. Com a ajuda de duas colheres pequenas, forme bolinhas de massa e mergulhe-as no óleo. Deixe no fogo por 2 ou 3 minutos, virando-as na metade do cozimento. Quando estiverem bem douradas, escorra-as em papel absorvente.

2 Polvilhe com açúcar de confeiteiro e sirva em seguida.

💡 Para fazer uma variação com amêndoas, basta acrescentar à massa choux 50 g de amêndoas laminadas. Sirva as carolinas quentes com um coulis de frutas.

TORTA
amanteigada

- 20 min
- 35 min
- 6 porções
- Descanso 2 h

1 Dissolva o fermento no leite morno. Coloque a farinha numa tigela, abra um buraco no meio e acrescente uma pitada de sal, 100 g de manteiga, os ovos e o fermento. Trabalhe a massa, forme uma bola, cubra com um pano de prato e deixe descansar por 1 hora.

2 Abra a massa em formato circular e disponha-a numa fôrma forrada de papel-manteiga. Com uma faca, desenhe pequenos quadrados na superfície. Deixe descansar por mais 1 hora.

3 Polvilhe a torta com o açúcar mascavo e distribua o restante da manteiga cortada em cubos. Leve ao forno preaquecido (180 °C) por 30 minutos. Cubra com o creme de leite e asse por mais 4 a 6 minutos.

Açúcar mascavo
100 g

Fermento biológico seco
15 g

Farinha de trigo
250 g (peneirada)

Manteiga
100 g + 40 g

Ovos
2

... e também um pouco de
Leite morno (100 ml)
Creme de leite fresco (150 ml)

Tortas e tortinhas

TORTA
de pera

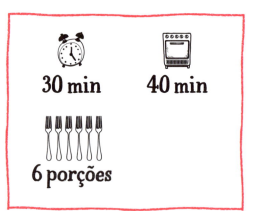

30 min | 40 min

6 porções

1 Bata os ovos com o açúcar, junte a farinha de amêndoa e a manteiga e misture bem, até obter um creme. Disponha a massa numa fôrma de fundo removível untada com manteiga. Espalhe o creme de amêndoa sobre ela.

2 Escorra as peras e corte-as em fatias finas. Distribua-as sobre o creme em forma de leque e, com a palma da mão, pressione-as levemente para dar o aspecto de uma rosácea.

3 Coloque a fôrma na parte de baixo do forno preaquecido (190 °C) e asse por 30 a 40 minutos. Sirva a torta fria.

Para fazer a massa sablée, misture com a ponta dos dedos 125 g de manteiga, 250 g de farinha de trigo e uma pitada de sal, formando uma farofa grossa. Adicione 1 ovo e amasse até obter uma massa macia. Se necessário, junte um pouquinho de água para dar liga. Refrigere por 30 minutos antes de usar.

Pera em calda
850 g

Ovos
2

Açúcar
100 g

Farinha de amêndoa
120 g

Manteiga
120 g (em temperatura ambiente)

Massa sablée
1 receita

Tortas e tortinhas 68

TORTA
de maçã

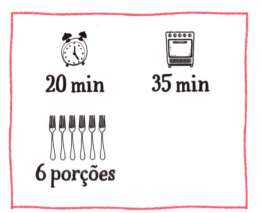
20 min • 35 min • 6 porções

1 Descasque as maçãs, retire o miolo e as sementes e corte-as em fatias.

2 Abra a massa e disponha-a numa fôrma de torta. Faça furinhos no fundo da massa com um garfo e distribua o purê por cima. Espalhe as fatias de maçã, polvilhe com açúcar e canela e espalhe pequenos cubos de manteiga por cima.

3 Leve ao forno preaquecido (180 °C) por 35 minutos. Sirva a torta quente ou fria.

Maçã
700 g

Massa folhada
1

Purê de maçã
100 g

Açúcar
30 g

Canela
uma pitada

Manteiga
20 g

TORTA
de damasco

20 min | **35 min** | **6 porções**

1 Forre uma fôrma de torta com a massa sablée. Fure o fundo da massa com um garfo e disponha os biscoitos triturados por cima.

2 Corte os damascos ao meio e retire o caroço. Distribua-os sobre a massa, com o lado côncavo voltado para cima. Espalhe o xarope de agave por cima, salpique com as amêndoas e leve ao forno preaquecido (180 °C) por 35 minutos. Sirva quente ou fria.

💡 Para fazer a massa sablée, misture com a ponta dos dedos 125 g de manteiga, 250 g de farinha de trigo e uma pitada de sal, formando uma farofa grossa. Adicione 1 ovo e amasse até obter uma massa macia. Se necessário, junte um pouquinho de água para dar liga. Refrigere por 30 minutos antes de usar.

💡 Se não encontrar damascos frescos, substitua por pêssegos, nêsperas ou nectarinas.

Massa sablée
1 receita

Biscoito champanhe
20 g

Damasco fresco
500 g

Xarope de agave
50 g

Amêndoas laminadas
20 g

TORTA MERENGUE
de limão

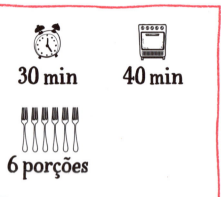

30 min — 40 min

6 porções

1 Retire a casca dos limões e esprema-os. Em uma tigela, bata os ovos inteiros com o açúcar, o amido de milho dissolvido em uma colher (sopa) de água, a manteiga, o suco dos limões e a raspa de suas cascas.

2 Forre uma fôrma de torta com a massa. Espalhe sobre ela o creme de limão e leve ao forno preaquecido (200 °C) por 35 a 40 minutos. Deixe esfriar.

3 Bata as claras em neve firme, incorporando o açúcar de confeiteiro aos poucos. Espalhe o merengue sobre a torta e faça picos com a ajuda de uma espátula. Leve ao forno para grelhar por 2 ou 3 minutos ou use um maçarico para dourá-la.

💡 *Para fazer a massa sablée, misture com a ponta dos dedos 125 g de manteiga, 250 g de farinha de trigo e uma pitada de sal, formando uma farofa grossa. Adicione 1 ovo e amasse até obter uma massa macia. Se necessário, junte um pouquinho de água para dar liga. Refrigere por 30 minutos antes de usar.*

Limão-siciliano
3

Ovos
4 inteiros + 4 claras

Açúcar
200 g

Massa sablée
1 receita

Açúcar de confeiteiro
100 g

... e também um pouco de

Amido de milho
(1 colher de sopa)

Manteiga derretida (50 g)

Tortas e tortinhas

TORTA DE FRUTAS
com creme de amêndoa

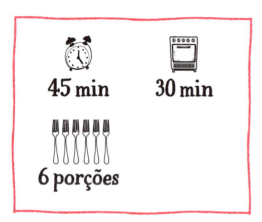

45 min   30 min

6 porções

1 Lave as frutas e corte-as em fatias grossas.

2 Bata a manteiga com o açúcar até que a mistura fique homogênea. Junte a farinha de amêndoa, os ovos e misture bem até formar um creme.

3 Forre uma fôrma de torta com a massa. Faça furos no fundo da massa com um garfo e espalhe o creme de amêndoa por cima. Distribua as frutas de maneira harmoniosa sobre a torta e leve ao forno preaquecido (180 °C) por 30 minutos.

💡 *Para fazer a massa sablée, misture com a ponta dos dedos 125 g de manteiga, 250 g de farinha de trigo e uma pitada de sal, formando uma farofa grossa. Adicione 1 ovo e amasse até obter uma massa macia. Se necessário, junte um pouquinho de água para dar liga. Refrigere por 30 minutos antes de usar.*

Frutas da estação
1 kg

Manteiga
140 g (em temperatura ambiente)

Açúcar
140 g

Farinha de amêndoa
140 g

Ovos
4

Massa sablée
1 receita

Tortas e tortinhas

TORTA DE RUIBARBO
e framboesa

15 min — 30 min — 6 porções — Descanso 15 min

Ruibarbo
500 g

Açúcar
100 g

Massa sablée
2 receitas

Framboesa fresca
125 g

Gema
1

1 Descasque e corte o ruibarbo em pedacinhos de 1 cm. Polvilhe-os com o açúcar e deixe descansar por 15 minutos.

2 Forre uma fôrma de torta com uma das massas. Disponha sobre ela o ruibarbo escorrido e as framboesas. Corte a segunda massa em tiras de 1 cm de largura e disponha-as sobre a torta, formando um trançado.

3 Pincele a superfície da torta com a gema dissolvida em um pouco de água. Leve a torta ao forno preaquecido (180 °C) por 30 minutos.

💡 O ruibarbo é um caule de aspecto semelhante ao salsão, mas com coloração avermelhada. Seu sabor é azedinho e ao mesmo tempo levemente adocicado, por isso pode ser substituído por diversos tipos de frutas vermelhas. Depois de cozido, fica com uma consistência parecida com a da maçã e da pera, então você também pode usá-las como alternativa.

💡 Para fazer a massa sablée, misture com a ponta dos dedos 125 g de manteiga, 250 g de farinha de trigo e uma pitada de sal, formando uma farofa grossa. Adicione 1 ovo e amasse até obter uma massa macia. Se necessário, junte um pouquinho de água para dar liga. Refrigere por 30 minutos antes de usar.

Tortas e tortinhas

TORTA
de abacaxi e coco

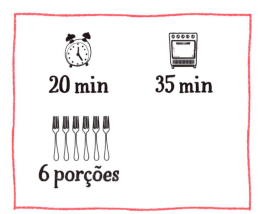

20 min · 35 min · 6 porções

Abacaxi
½ unidade

Massa sablée
1 receita

1 Forre uma fôrma de torta com a massa. Cubra o fundo da massa com papel-manteiga, espalhe feijões crus sobre o papel e leve ao forno preaquecido (170 °C) por 15 minutos.

2 Bata os ovos com o açúcar, o leite de coco e o amido de milho. Retire o papel-manteiga com os feijões do fundo da massa e distribua essa mistura sobre ela. Asse por mais 20 minutos e deixe esfriar.

3 Descasque o abacaxi e corte-o em fatias. Disponha-as sobre a torta, polvilhe com o açúcar mascavo e regue com a manteiga derretida. Cubra as bordas da massa com papel-alumínio e coloque a torta no forno por 2 ou 3 minutos. Decore com lascas de coco fresco e sirva em seguida.

💡 *Para fazer a massa sablée, misture com a ponta dos dedos 125 g de manteiga, 250 g de farinha de trigo e uma pitada de sal, formando uma farofa grossa. Adicione 1 ovo e amasse até obter uma massa macia. Se necessário, junte um pouquinho de água para dar liga. Refrigere por 30 minutos antes de usar.*

Ovos
2

Açúcar mascavo
120 g + 2 colheres (sopa)

Leite de coco
300 ml

... e também um pouco de

Amido de milho (25 g)
Manteiga derretida (30 g)

TORTA TATIN
de pera

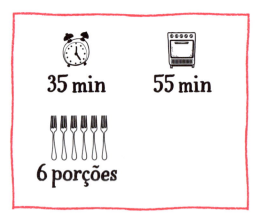

35 min 55 min

6 porções

1 Descasque as peras e corte-as em quatro. Ponha o açúcar numa panela em fogo médio para caramelizar. Quando estiver dourado, acrescente a manteiga cortada em pequenos cubos e as sementes de baunilha. Misture bem, junte as peras e cozinhe por 20 minutos, mexendo de vez em quando.

2 Distribua as peras numa fôrma redonda e disponha a massa por cima, dobrando suas bordas para dentro da fôrma. Com um garfo, faça pequenos furos na superfície da massa e leve ao forno preaquecido (180 °C) por 35 minutos. Vire a torta em um prato de servir de modo que a massa fique por baixo e as peras para cima.

💡 *Para fazer a massa podre, misture com a ponta dos dedos 200 g de manteiga, 250 g de farinha de trigo e uma pitada de sal, formando uma farofa grossa. Junte 50 ml de água gelada aos poucos e amasse até obter uma massa macia. Refrigere por 30 minutos antes de usar.*

💡 *Sirva com chantili, creme de leite fresco ou sorvete de baunilha.*

Pera williams
10

Açúcar
140 g

Manteiga
60 g

Fava de baunilha
1

Massa podre
1 receita

Tortas e tortinhas   82

TORTA TATIN
de pêssego

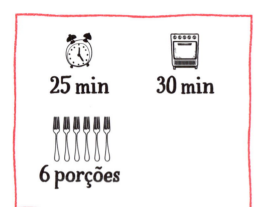

25 min 30 min

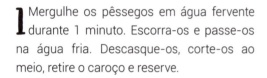

6 porções

Pêssegos frescos
10

Açúcar
100 g

Massa folhada
1

1 Mergulhe os pêssegos em água fervente durante 1 minuto. Escorra-os e passe-os na água fria. Descasque-os, corte-os ao meio, retire o caroço e reserve.

2 Em uma panela, aqueça o açúcar com 1 colher (sopa) de água até formar um caramelo bem dourado.

3 Despeje o caramelo na base de uma fôrma redonda e espalhe os pêssegos por cima, com o lado côncavo voltado para cima. Disponha a massa sobre eles e dobre as bordas para o interior da fôrma. Com um garfo, faça furos na massa e leve ao forno preaquecido (180 °C) por 30 minutos. Vire a torta sobre um prato de servir de modo que a massa fique por baixo e os pêssegos para cima.

TORTA TATIN
de kiwi e limão

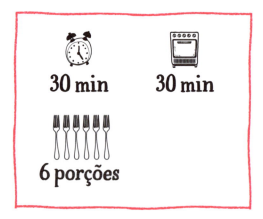

30 min | 30 min
6 porções

Kiwi
3

Limão-siciliano
1

1 Corte os kiwis descascados e o limão em fatias finas. Branqueie as rodelas de limão em água fervente por 2 minutos. Escorra-as e seque-as.

2 Prepare o caramelo: aqueça o açúcar com 1 colher (sopa) de água em fogo baixo até ele ficar dourado. Adicione as fatias de limão e espalhe esse caramelo com o limão no fundo de uma fôrma redonda. Coloque por cima as fatias de kiwi, formando uma rosácea.

3 Disponha a massa sobre as frutas e dobre as bordas para o interior da fôrma. Com um garfo, faça furos na massa e leve ao forno preaquecido (180 °C) por 25 minutos.

Açúcar
140 g

Massa podre
1 receita

Para fazer a massa podre, misture com a ponta dos dedos 200 g de manteiga, 250 g de farinha de trigo e uma pitada de sal, formando uma farofa grossa. Junte 50 ml de água gelada aos poucos e amasse até obter uma massa macia. Refrigere por 30 minutos antes de usar.

TORTA DE MAÇÃ
à moda inglesa

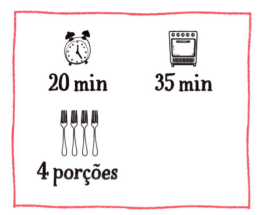

20 min 35 min

4 porções

1. Descasque as maçãs e corte-as em fatias finas. Misture-as com o açúcar e a farinha de amêndoa.

2. Forre uma fôrma de torta com uma das massas, deixando as bordas ultrapassarem a beira da fôrma. Espalhe as maçãs na base, formando uma camada mais alta no centro, depois, dobre as bordas da massa sobre as frutas.

3. Pincele a superfície da massa com um pouco da gema diluída em um pouco de água. Disponha, então, a segunda massa sobre o recheio e pressione as bordas para essa massa aderir bem à outra. Pincele com o restante da gema e polvilhe com açúcar. Leve ao forno preaquecido (180 °C) por 35 minutos.

💡 Para fazer a massa sablée, misture com a ponta dos dedos 125 g de manteiga, 250 g de farinha de trigo e uma pitada de sal, formando uma farofa grossa. Adicione 1 ovo e amasse até obter uma massa macia. Se necessário, junte um pouquinho de água para dar liga. Refrigere por 30 minutos antes de usar.

Maçã
4

Açúcar
80 g + 1 colher (sopa)

Farinha de amêndoa
50 g

Massa sablée
2 receitas

Gema
1

Tortas e tortinhas

TORTINHA
de morango

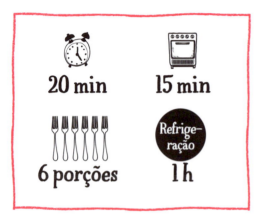

20 min | 15 min
6 porções | Refrigeração 1 h

1 Forre 6 forminhas individuais de torta com a massa. Espete o fundo da massa com um garfo e leve ao forno preaquecido (180 °C) por 15 minutos. Deixe esfriar e desenforme.

2 Misture o cream cheese com o mel e encha as massas das tortinhas com essa mistura. Retire os cabinhos dos morangos, corte-os ao meio e distribua-os harmoniosamente sobre o cream cheese e, se quiser, decore com uma folhinha de hortelã. Leve à geladeira por, pelo menos, 1 hora antes de servir.

Para fazer a massa sablée, misture com a ponta dos dedos 125 g de manteiga, 250 g de farinha de trigo e uma pitada de sal, formando uma farofa grossa. Adicione 1 ovo e amasse até obter uma massa macia. Se necessário, junte um pouquinho de água para dar liga. Refrigere por 30 minutos antes de usar.

Morango
500 g

Massa sablée
1 receita

Cream cheese
150 g

Mel
30 g

Tortas e tortinhas 90

TORTINHA DE MANGA
e tomilho

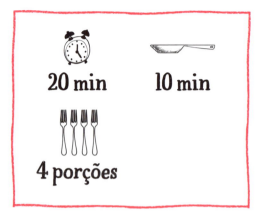

20 min   10 min

4 porções

1 Triture os dois tipos de biscoito, acrescente o mel, o suco de ½ limão e misture bem. Disponha a preparação no fundo de 4 forminhas individuais de torta de aro removível e leve à geladeira.

2 Corte as mangas em cubos. Derreta a manteiga numa frigideira. Quando ela estiver um pouco dourada, junte o suco do limão restante e 4 ramos de tomilho. Deixe em infusão em fogo baixo por alguns minutos. Adicione as mangas e mantenha no fogo até dourarem.

3 Despeje a mistura nas forminhas, desenforme-as e decore-as com o tomilho restante.

Manga
2

Biscoito maisena
50 g

Shortbread
50 g (receita na p. 168)

Limão-siciliano
1 ½

Tomilho fresco
5 ramos

... e também um pouco de

Mel (2 colheres de sopa)

Manteiga (50 g)

Tortas e tortinhas   92

TORTINHA
de praliné rosa

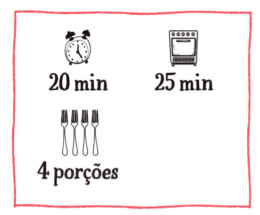

20 min   25 min

4 porções

Praliné de amêndoas rosa
100 g (triturado)

Massa sablée
1 receita

1 Forre 4 forminhas individuais de torta com a massa, espete o fundo das massas com um garfo e leve ao forno preaquecido (180 °C) por 13 a 15 minutos. Deixe esfriar e desenforme.

2 Aqueça o creme de leite com o praliné (reserve 1 colher de sopa). Deixe no fogo alto por 8 a 10 minutos até engrossar, sem parar de mexer.

3 Espere amornar e, depois, coloque-o nas bases das tortinhas. Sirva decoradas com o praliné reservado.

Creme de leite fresco
100 ml

💡 *Para fazer a massa sablée, misture com a ponta dos dedos 125 g de manteiga, 250 g de farinha de trigo e uma pitada de sal, formando uma farofa grossa. Adicione 1 ovo e amasse até obter uma massa macia. Se necessário, junte um pouquinho de água para dar liga. Refrigere por 30 minutos antes de usar.*

💡 *Para fazer o praliné, coloque 500 g de amêndoas com casca, 500 g de açúcar e 500 ml de água em uma panela e leve ao fogo médio. Cozinhe por cerca de 20 minutos, até o açúcar virar caramelo e endurecer, mexendo sempre para que as amêndoas não grudem. Transfira para uma bancada fria (pode ser a pia da cozinha) e espalhe-as enquanto ainda estão mornas. Deixe esfriar, quebre em pedaços menores e guarde em potes de vidro tampados em local fresco e abrigado. Para conseguir a cor rosa, pingue algumas gotas de corante alimentício antes de cozinhar.*

TORTINHA DE MAÇÃ
em flor

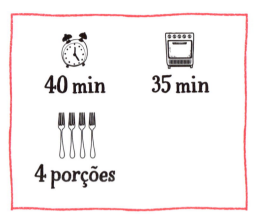

40 min   35 min

4 porções

1 Coloque as maçãs em uma tigela com água e o suco do limão e leve ao micro-ondas por 5 minutos. Escorra-as em papel absorvente.

2 Abra a massa em espessura fina de modo que ela fique maior no comprimento. Recorte 4 tiras com 5 cm de largura. Pincele a massa com geleia e disponha as fatias de maçã na borda superior, com o lado arredondado para cima.

3 Dobre o restante da tira de massa sobre a base de maçã e enrole a tira para formar um botão de rosa. Coloque as tortinhas em forminhas de muffin, polvilhe-as com açúcar e leve ao forno preaquecido (190 °C) por 25 a 30 minutos.

Maçã vermelha
2 (em fatias)

Limão-siciliano
1

Massa folhada
1

Geleia de frutas vermelhas
2 colheres (sopa)

Açúcar
2 colheres (sopa)

Tortas e tortinhas

TORTINHA DE MIRTILO
e baunilha

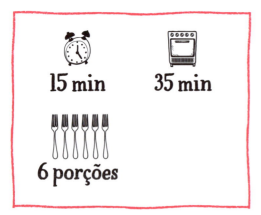

15 min | 35 min
6 porções

1 Raspe a fava de baunilha com uma faca para retirar as sementes. Misture-as ao açúcar mascavo e junte os mirtilos, a farinha e o suco do limão.

2 Recorte a massa em 12 discos. Forre 6 forminhas individuais de torta com os discos e espete o fundo das massas com um garfo.

3 Disponha nas bases a preparação de mirtilos e cubra com os outros 6 discos de massa. Una as duas partes, corte o excedente e pincele-as com a gema diluída em um pouco de água. Leve ao forno preaquecido (180 °C) por 30 a 35 minutos.

💡 Para fazer a massa sablée, misture com a ponta dos dedos 125 g de manteiga, 250 g de farinha de trigo e uma pitada de sal, formando uma farofa grossa. Adicione 1 ovo e amasse até obter uma massa macia. Se necessário, junte um pouquinho de água para dar liga. Refrigere por 30 minutos antes de usar.

Mirtilo
500 g

Fava de baunilha
1

Açúcar mascavo
120 g

Limão-siciliano
½

Massa sablée
2 receitas

... e também um pouco de
Farinha de trigo (30 g)
Gema (1)

Tortas e tortinhas

TORTA
de chocolate

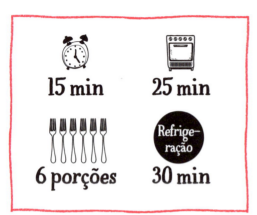

15 min — 25 min — 6 porções — Refrigeração 30 min

Chocolate amargo
250 g

Massa sablée
1 receita

Creme de leite fresco
300 ml

1 Forre uma fôrma de torta com a massa. Espete o fundo da massa com um garfo, cubra-o com papel-manteiga e espalhe feijões crus sobre o papel. Leve ao forno preaquecido (170 °C) por 20 a 25 minutos, retirando o papel-manteiga e os feijões depois de 10 minutos.

2 Aqueça o creme de leite e despeje-o sobre o chocolate em pedaços. Tampe, deixe repousar por 5 minutos e bata a mistura. Coloque-a sobre a massa da torta já assada e fria e leve à geladeira por, pelo menos, 30 minutos.

Para fazer a massa sablée, misture com a ponta dos dedos 125 g de manteiga, 250 g de farinha de trigo e uma pitada de sal, formando uma farofa grossa. Adicione 1 ovo e amasse até obter uma massa macia. Se necessário, junte um pouquinho de água para dar liga. Refrigere por 30 minutos antes de usar.

TORTA DE CHOCOLATE
com chá preto Earl Grey

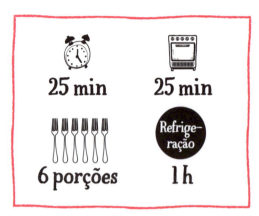

25 min | **25 min** (Refrigeração)
6 porções | **1 h**

Chocolate ao leite
300 g

Creme de leite fresco
300 ml

1 Aqueça o creme de leite com o chá. Deixe em infusão por 20 minutos e coe.

2 Forre uma fôrma de torta com a massa. Espete o fundo da massa com um garfo, cubra com papel-manteiga e espalhe feijões crus sobre o papel. Leve ao forno preaquecido (170 °C) por 25 minutos, removendo o papel-manteiga e os feijões depois de 15 minutos.

3 Aqueça o creme coado e despeje-o sobre o chocolate em pedaços. Tampe e deixe repousar por 5 minutos. Junte a gema e bata até obter uma ganache bem cremosa. Leve à geladeira por, pelo menos, 1 hora.

4 Disponha a ganache sobre a massa da torta e salpique-a levemente com chá.

💡 Para fazer a massa sablée, misture com a ponta dos dedos 125 g de manteiga, 250 g de farinha de trigo e uma pitada de sal, formando uma farofa grossa. Adicione 1 ovo e amasse até obter uma massa macia. Se necessário, junte um pouquinho de água para dar liga. Refrigere por 30 minutos antes de usar.

Chá preto Earl Grey
1 colher (sopa)

Massa sablée
1 receita

💡 A base do chá Earl Grey é chá preto, mas ele também tem bergamota em sua composição. É um chá vendido em supermercados, mas, se você não encontrá-lo, substitua por chá preto comum.

Gema
1

Tortas e tortinhas 102

TORTINHA
de noz-pecã

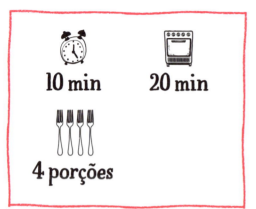

10 min — 20 min — 4 porções

1 Recorte 4 discos de massa e disponha-os em 4 forminhas individuais de torta. Corte o excedente de massa e espete o fundo das massas com um garfo.

2 Bata o ovo com o xarope de bordo ou melado, a manteiga, o açúcar, a essência de baunilha e 50 g de nozes-pecãs. Despeje a mistura nas forminhas e espalhe o restante das nozes por cima. Leve ao forno preaquecido (180 °C) por 15 a 20 minutos.

💡 Para fazer a massa podre, misture com a ponta dos dedos 200 g de manteiga, 250 g de farinha de trigo e uma pitada de sal, formando uma farofa grossa. Junte 50 ml de água gelada aos poucos e amasse até obter uma massa macia. Refrigere por 30 minutos antes de usar.

Noz-pecã
70 g (trituradas)

Massa podre
1 receita

Ovo
1

Xarope de bordo ou melado
50 g

Açúcar mascavo
40 g

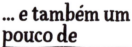

... e também um pouco de

Manteiga derretida (20 g)

Essência de baunilha (1 colher de chá)

Tortas e tortinhas 104

TORTINHA
de chocolate branco

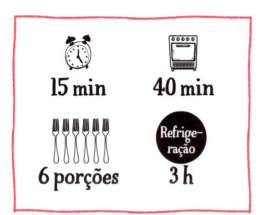

15 min | 40 min
6 porções | Refrigeração 3 h

Chocolate branco
225 g

Massa sablée
1 receita

Creme de leite fresco
300 ml

Gemas
3

1 Recorte 6 discos de massa e disponha-os em 6 forminhas individuais de torta. Corte o excedente de massa e espete o fundo das massas com um garfo. Cubra as massas nas forminhas com papel-manteiga, espalhe feijões crus sobre ele e coloque as tortinhas no forno preaquecido (180 °C) por 10 minutos, retirando o papel e os feijões na metade do cozimento.

2 Aqueça o creme de leite e despeje-o sobre o chocolate em pedaços. Tampe e deixe descansar por 5 minutos. Adicione as gemas e bata até obter uma ganache bem homogênea.

3 Disponha esse creme sobre a massa das tortinhas e leve ao forno preaquecido (120 °C) por 25 minutos. Deixe esfriar e leve à geladeira por, pelo menos, 3 horas.

💡 Para fazer a massa sablée, misture com a ponta dos dedos 125 g de manteiga, 250 g de farinha de trigo e uma pitada de sal, formando uma farofa grossa. Adicione 1 ovo e amasse até obter uma massa macia. Se necessário, junte um pouquinho de água para dar liga. Refrigere por 30 minutos antes de usar.

TORTINHA
de balas de caramelo

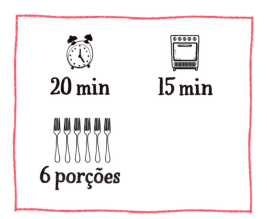

20 min · 15 min · 6 porções

Bala de caramelo
18 g

Creme de leite fresco
4 colheres (sopa)

Massa sablée
1 receita

1 Em uma panela, aqueça os caramelos com o creme de leite até a mistura ficar homogênea. Reserve em temperatura ambiente.

2 Recorte 6 discos de massa e disponha-os em 6 forminhas individuais de torta. Leve ao forno preaquecido (180 °C) por 15 minutos.

3 Após a massa esfriar, desenforme as bases de tortinha e recheie-as com a ganache de caramelo.

💡 *As balas Carambar que aparecem na foto ao lado são balas de caramelo muito comercializadas na França. Nesta receita, você pode usar qualquer bala de caramelo de boa qualidade.*

💡 *Para fazer a massa sablée, misture com a ponta dos dedos 125 g de manteiga, 250 g de farinha de trigo e uma pitada de sal, formando uma farofa grossa. Adicione 1 ovo e amasse até obter uma massa macia. Se necessário, junte um pouquinho de água para dar liga. Refrigere por 30 minutos antes de usar.*

TORTINHA DE BANANA
e creme de avelã com cacau

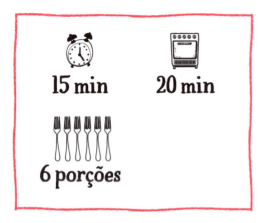

15 min · 20 min · 6 porções

Bananas
3

Creme de avelã com cacau
6 colheres (sopa)

Massa podre
1 receita

Macadâmia
2 colheres (sopa)

1 Recorte 6 discos de massa e disponha-os em 6 forminhas individuais de torta. Espete o fundo das massas com um garfo e leve ao forno preaquecido (200 °C) por 10 minutos.

2 Corte as bananas em fatias finas. Coloque em cada base de tortinha aproximadamente 1 colher (sopa) de creme de avelã com cacau. Distribua a banana por cima e leve ao forno por mais 10 minutos.

3 Triture as macadâmias e torre-as. Salpique as tortinhas com elas e sirva.

Para fazer a massa podre, misture com a ponta dos dedos 200 g de manteiga, 250 g de farinha de trigo e uma pitada de sal, formando uma farofa grossa. Junte 50 ml de água gelada aos poucos e amasse até obter uma massa macia. Refrigere por 30 minutos antes de usar.

Tortas e tortinhas

TORTINHA
de pasta de amendoim

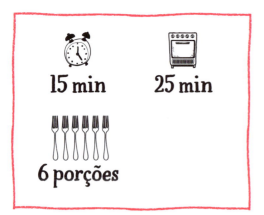

15 min · 25 min · 6 porções

1 Separe as claras das gemas. Em uma tigela, misture o açúcar mascavo, o amido de milho e 2 gemas. Bata as claras em neve firme e junte delicadamente a pasta de amendoim. Incorpore essa preparação à anterior.

2 Recorte 12 discos de massa. Disponha-os em 6 forminhas individuais de torta de fundo removível e espete o fundo das massas com um garfo.

3 Disponha o creme de amendoim sobre a massa de cada tortinha e cubra com os discos de massa restantes. Aperte as bordas para grudá-las, corte o excedente e pincele-as com a gema diluída em um pouco de água. Leve ao forno preaquecido (180 °C) por 25 minutos.

💡 Para fazer a massa podre, misture com a ponta dos dedos 200 g de manteiga, 250 g de farinha de trigo e uma pitada de sal, formando uma farofa grossa. Junte 50 ml de água gelada aos poucos e amasse até obter uma massa macia. Refrigere por 30 minutos antes de usar.

Pasta de amendoim
200 g

Açúcar mascavo
100 g

Amido de milho
50 g

Ovos
2 inteiros + 1 gema

Massa podre
2 receitas

Tortas e tortinhas 112

TORTA SOL DE PERA
e creme de avelã com cacau

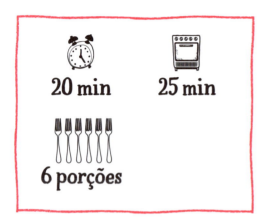

20 min • 25 min • 6 porções

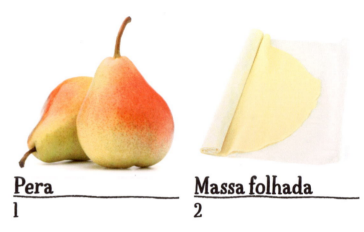

Pera
1

Massa folhada
2

1 Abra as massas em forma de disco do tamanho da fôrma. Descasque a pera e corte-a em fatias finas. Distribua o creme de avelã com cacau, a pera e o praliné sobre uma das massas. Cubra com a segunda, pressionando levemente as bordas.

2 Coloque um copo no centro da torta. Corte a massa recheada, partindo do centro para fora, a partir da borda do copo, primeiro em 4, depois em 8, depois em 16 e finalmente em 32 pedaços, formando as tirinhas que sugerem o desenho de um sol. Torça levemente cada tira e leve a torta ao forno preaquecido (190 °C) por 25 minutos.

Creme de avelã com cacau
4 colheres (sopa)

Praliné de amêndoas triturado
2 colheres (sopa)

Tortas e tortinhas 114

TORTA SOL
de morango

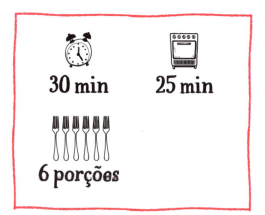

30 min · 25 min · 6 porções

Massa sablée
2 receitas

Creme de confeiteiro
150 g

Geleia de morango
2 colheres (sopa)

1 Abra as massas em forma de disco do tamanho da fôrma. Sobre uma das massas, disponha o creme de confeiteiro. Passe a geleia sobre a outra massa e coloque-a sobre a primeira, com a parte da geleia virada para baixo, pressionando levemente as bordas.

2 Disponha um cortador em forma de estrela no centro da torta ou um copo. Corte a massa recheada partindo do centro para fora, a partir da borda do cortador, primeiro em 4, depois em 8, depois em 16 e finalmente em 32 pedaços, formando as tirinhas que sugerem o desenho do sol.

3 Torça as tirinhas e leve a torta ao forno preaquecido (190 °C) por 25 minutos.

💡 Para fazer a massa sablée, misture com a ponta dos dedos 125 g de manteiga, 250 g de farinha de trigo e uma pitada de sal, formando uma farofa grossa. Adicione 1 ovo e amasse até obter uma massa macia. Se necessário, junte um pouquinho de água para dar liga. Refrigere por 30 minutos antes de usar.

💡 Para fazer o creme de confeiteiro, leve ao fogo 500 ml de leite, 1 colher (chá) de essência de baunilha e ½ xícara de açúcar até começar a ferver e desligue. Bata 3 gemas com ¼ de xícara de açúcar e junte ½ xícara de amido de milho. Despeje o leite sobre a mistura de gemas, aos poucos para as gemas não cozinharem, mexendo sempre. Depois, leve de volta ao fogo médio e bata com o batedor de arame até engrossar. Desligue o fogo e junte 1 colher (sopa) de manteiga.

MINIPIZZA DOCE
de pera e chocolate

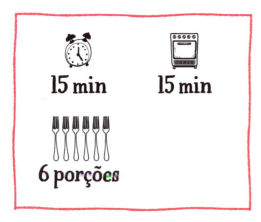

15 min | 15 min

6 porções

1. Retire o miolo e as sementes das peras e corte-as em fatias. Regue-as com o suco do limão para evitar que escureçam.

2. Distribua as fatias de pera sobre as massas e salpique-as com as gotas de chocolate e pequenos cubos de manteiga. Leve ao forno preaquecido (210 °C) por 15 minutos.

Pera
700 g

Limão-siciliano
½

Massa de minipizza
1 pacote

Gotas de chocolate
50 g

Manteiga
20 g

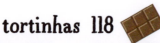

Tortas e tortinhas

PIZZA DOCE
de nectarina e manjericão

15 min | 20 min | 4 porções

1 Retire o caroço das nectarinas e corte-as em fatias. Bata a manteiga com o açúcar e incorpore o ovo. Adicione a farinha de amêndoa e bata novamente até a mistura ficar homogênea.

2 Espalhe essa preparação sobre a massa, deixando 1 centímetro livre até a borda. Distribua por cima as fatias de nectarina, polvilhe com o açúcar mascavo e leve ao forno preaquecido (200 °C) por 15 a 20 minutos.

3 Retire a pizza do forno e decore-a com folhas de manjericão.

Nectarinas
3

Manteiga
50 g (em temperatura ambiente)

Açúcar
50 g

Massa de pizza
1

Manjericão
1 ramo pequeno

... e também um pouco de
Ovo (1)

Farinha de amêndoa (50 g)

Açúcar mascavo (30 g)

Tortas e tortinhas 120

PIZZA DOCE
de chocolate e caramelo

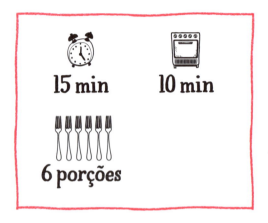

15 min   10 min

6 porções

Massa de pizza
1

Caramelo cremoso
280 g (receita na p. 392)

Chocolate amargo
300 g

1 Disponha a massa numa assadeira e leve-a ao forno preaquecido (240 °C) por 5 minutos.

2 Retire a massa do forno e espalhe o caramelo sobre ela, deixando 2 cm livres até a borda. Polvilhe com o chocolate ralado e leve ao forno (210 °C) por mais 6 minutos.

Tortas e tortinhas

PETIT GÂTEAU
de chocolate amargo

25 min | 12 min
4 porções | Refrigeração 2 h
Descanso 5 min

Chocolate amargo
120 g

Manteiga
120 g

1 Derreta em banho-maria o chocolate e a manteiga em pedaços. Bata os ovos com o açúcar. Junte a farinha, mexa bem e incorpore à mistura de chocolate e manteiga. Coloque a preparação na geladeira por 2 horas.

2 Unte 4 ramequins individuais com manteiga e disponha a massa até ¾ da borda. Leve ao forno preaquecido (180 °C) por 12 minutos. Deixe descansar por 5 minutos antes de desenformar.

Ovos
3

Açúcar
180 g

Farinha de trigo
40 g

Bolinhos e biscoitos 124

CANELÉ
de Bordeaux

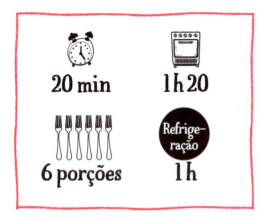

20 min   1 h 20

6 porções   Refrigeração 1 h

1 Ferva o leite com a fava de baunilha cortada ao meio e a manteiga.

2 Bata o açúcar com a farinha e os ovos e, depois, junte o rum. Retire a fava do leite e despeje-o pouco a pouco sobre a mistura, mexendo bem. Leve à geladeira por 1 hora.

3 Unte com manteiga forminhas para canelé, disponha a massa e leve ao forno preaquecido (210 °C) por 10 minutos. Reduza a temperatura para 180 °C e continue a assar por 1h10.

Leite
500 ml

Fava de baunilha
1

Açúcar
250 g

Farinha de trigo
100 g

Ovos
2 inteiros + 2 gemas

... e também um pouco de

Manteiga (30 g)

Rum (1 colher de sopa)

CANELÉ
de groselha

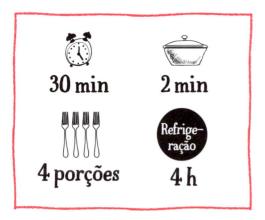

30 min
2 min
4 porções
Refrigeração 4 h

Groselha
1 caixa (250 g)

Cream cheese
250 g

1 Misture o cream cheese com 50 g de açúcar e o açúcar de baunilha. Incorpore delicadamente as groselhas.

2 Ferva 200 ml de água com o restante do açúcar até obter uma calda. Quando amornar, coloque-a num prato fundo. Molhe os biscoitos nessa calda e forre com eles as laterais de 8 forminhas caneladas, pressionando bem com os dedos.

3 Disponha, em cada forminha, o recheio de cream cheese, alise a superfície e deixe na geladeira pelo menos por 4 horas. Desenforme e sirva bem gelado.

Açúcar
120 g

Açúcar de baunilha
8 g

💡 A receita original usa o biscoito rosa de Reims, uma iguaria típica da região de Champagne, na França. Foi o precursor do biscoito champanhe, muito usado em pavês, por isso é indicado como substituto. Para obter a coloração rosada da foto, pingue 1 ou 2 gotas de corante alimentício na calda do passo 2.

Biscoito champanhe
1 pacote

Bolinhos e biscoitos 128

CUPCAKE
com creme de baunilha

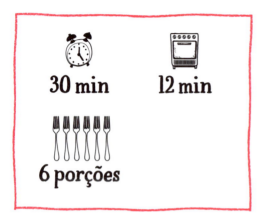

30 min · 12 min · 6 porções

1 Misture 180 g de manteiga com o açúcar. Junte os ovos um a um, batendo bem, depois a farinha e o fermento.

2 Unte forminhas de cupcake com manteiga e disponha a massa até ¾ da borda. Leve ao forno preaquecido (180 °C) por 10 a 12 minutos. Retire do forno e deixe esfriar.

3 Bata o restante da manteiga com as sementes de baunilha e o açúcar de confeiteiro. Decore os bolinhos com esse creme, usando um bico de confeitar ou uma colher.

Manteiga
270 g (em temperatura ambiente)

Açúcar
180 g

Ovos
3

Farinha de trigo
180 g

Açúcar de confeiteiro
200 g

... e também um pouco de

Fermento químico em pó (10 g)
Baunilha (1 fava)

Bolinhos e biscoitos 130

CUPCAKE
com cereja

15 min · 20 min · 6 porções

1. Bata o açúcar com a manteiga em cubos e a baunilha até a mistura ficar homogênea. Junte os ovos um a um, mexendo bem.

2. Incorpore, aos poucos, a farinha, o bicarbonato e ½ colher (chá) de sal peneirados juntos. Disponha a massa em 16 forminhas de cupcake untadas com manteiga, até ⅔ da borda.

3. Insira 1 cereja em cada forminha. Leve ao forno preaquecido (180 °C) por 20 minutos.

Cereja fresca
16 (com caroço e cabinho)

Açúcar
200 g

Manteiga
200 g (em temperatura ambiente)

Ovos
4

Farinha de trigo
200 g

... e também um pouco de

Essência de baunilha, (2 colheres de chá)

Bicarbonato de sódio, (1 colher de chá)

FINANCIER
de mel

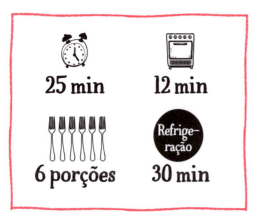

25 min | 12 min
6 porções | Refrigeração 30 min

1 Aqueça a manteiga em fogo baixo até ela ficar dourada. Junte o mel, misture e deixe esfriar.

2 Misture a farinha de trigo, a farinha de amêndoa e o açúcar. Incorpore as claras, batidas rapidamente. Adicione a manteiga derretida e misture bem. Distribua a preparação em fôrmas para financier e leve à geladeira por 30 minutos.

3 Coloque os bolinhos no forno preaquecido (200 °C) por 10 a 12 minutos, até que estejam bem dourados.

Manteiga com sal
175 g

Mel
1 colher (sopa)

Farinha de trigo
75 g

Farinha de amêndoa
100 g

Açúcar de confeiteiro
175 g

Claras
6

Bolinhos e biscoitos 134

MADELEINE
de limão

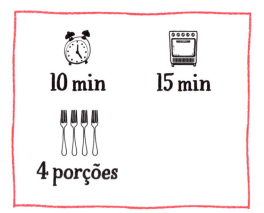

10 min 15 min

4 porções

1 Rale a casca do limão e separe 1 colher (chá) de raspas. Bata os ovos com o açúcar por 5 minutos, então, junte a farinha e o fermento peneirados. Incorpore as raspas de limão e a manteiga.

2 Unte as forminhas para madeleine com manteiga e disponha a massa até 2/3 da borda. Leve ao forno preaquecido (220 °C) por 15 minutos, reduzindo a temperatura para 200 °C após 5 minutos.

Limão-siciliano
½

Ovos
2

Açúcar
120 g

Farinha de trigo
100 g

Fermento químico em pó
1 colher (chá)

Manteiga
100 g (derretida)

Bolinhos e biscoitos 136

COCADINHA
rápida

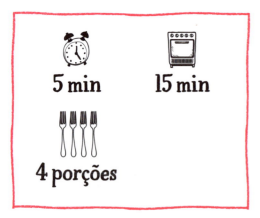

5 min   15 min

4 porções

1 Misture as claras com a manteiga, o coco e o açúcar.

2 Coloque pequenas porções de massa numa assadeira forrada com papel-manteiga. Leve-a ao forno preaquecido (180 °C) por 15 minutos, até que as cocadinhas estejam bem douradas.

Coco ralado
60 g

Claras
2

Manteiga
15 g (derretida)

Açúcar
4 colheres (sopa)

PASTEL
de nata

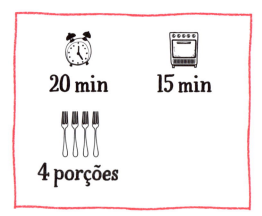

1 Misture a farinha com o açúcar e uma pitada de sal.

2 Ferva o leite com a fava de baunilha cortada ao meio. Retire a fava e despeje o líquido na mistura de açúcar e farinha. Então, incorpore os ovos e o suco do limão.

3 Recorte círculos de massa folhada e disponha-os em forminhas de cupcake untadas com manteiga e enfarinhadas. Preencha-as com o creme e leve ao forno preaquecido (210 °C) por 12 a 15 minutos.

Açúcar
250 g

Leite
500 ml

Fava de baunilha
1

Ovos
1 inteiro + 4 gemas

Massa folhada
1

... e também um pouco de

Farinha de trigo (35 g)

Limão (1)

Bolinhos e biscoitos 140

AMARETTO
(biscoito italiano)

20 min | 12 min
6 porções

1. Bata as claras com uma pitada de sal. Quando começarem a encorpar, adicione o açúcar em três levas. Incorpore as farinhas de trigo e de amêndoa, depois, a essência de amêndoa e as raspas da casca do limão.

2. Forme bolinhas de massa e envolva-as no açúcar de confeiteiro.

3. Disponha-as numa assadeira forrada com papel-manteiga. Leve ao forno preaquecido (180 °C) por 10 a 12 minutos. Deixe os biscoitos esfriarem numa grelha e conserve-os em um recipiente bem fechado.

Farinha de amêndoa
175 g

Claras
2

Açúcar
150 g

Farinha de trigo
50 g

Limão-siciliano
1

... e também um pouco de

Essência de amêndoa amarga
(3 gotas)

Açúcar de confeiteiro
(4 colheres de sopa)

Bolinhos e biscoitos 142

SCONE
(biscoito irlandês)

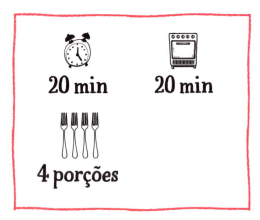

20 min · 20 min · 4 porções

1 Corte a manteiga em pedaços e coloque-a numa tigela com a farinha e uma pitada de sal. Amasse com a ponta dos dedos formando uma farofa, junte o açúcar, o bicarbonato e o leite e misture bem.

2 Trabalhe a massa numa superfície enfarinhada até ficar macia e homogênea. Abra-a numa espessura de 1,5 cm e divida-a em 8 porções. Corte em triângulos. Disponha-os numa assadeira untada com manteiga e leve ao forno preaquecido (220 °C) por 20 minutos.

Sirva os biscoitos com chá, acompanhados de manteiga e geleia.

Manteiga
30 g

Farinha de trigo
250 g

Açúcar
20 g

Bicarbonato de sódio
Uma pitada

Leite fermentado
100 ml

Bolinhos e biscoitos 144

MINIBRIOCHE

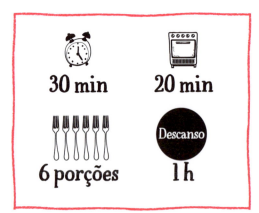

30 min — 20 min
6 porções — Descanso 1 h

1 Peneire a farinha numa tigela, abrindo um buraco no meio. Coloque nesse buraco os ovos, uma pitada de sal e o açúcar e misture. Junte a manteiga em cubos e o fermento dissolvido no leite e trabalhe a massa energicamente.

2 Divida a massa em 6 pedaços, forme bolas, coloque-as em forminhas de muffin untadas com manteiga e deixe crescer por aproximadamente 1 hora em local aquecido e livre de vento.

3 Leve ao forno preaquecido (180 °C) por 20 minutos. Sirva os bolinhos mornos.

💡 *Para acompanhar os brioches, faça uma musse de chocolate (receita na p. 204) ou uma compota de frutas (receita na p. 396).*

Farinha de trigo
300 g

Ovos
4

Açúcar
20 g

Manteiga
300 g (em temperatura ambiente)

Fermento biológico seco
15 g

Leite
100 ml (morno)

Bolinhos e biscoitos 146

BARQUETE
de chocolate e banana

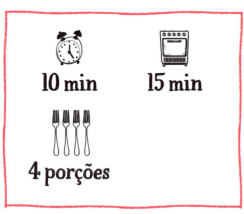

10 min | 15 min
4 porções

Chocolate amargo
100 g

Bananas
2

1 Forre as forminhas de barquete com a massa. Espete o fundo das massas nas forminhas com um garfo, cubra com papel-manteiga e espalhe feijões crus sobre eles. Leve ao forno preaquecido (180 °C) por 10 minutos.

2 Derreta o chocolate em fogo baixo e, fora do fogo, adicione o creme de leite e misture bem.

3 Amasse uma banana, regue-a com o suco do limão e disponha esse purê nas bases das barquetes já assadas e frias e sem o papel-manteiga. Espalhe o chocolate por cima e decore com a segunda banana cortada em fatias finas.

Massa sablée
1 receita

Creme de leite em lata
1 colher (sopa)
(gelado e sem o soro)

💡 Para fazer a massa sablée, misture com a ponta dos dedos 125 g de manteiga, 250 g de farinha de trigo e uma pitada de sal, formando uma farofa grossa. Adicione 1 ovo e amasse até obter uma massa macia. Se necessário, junte um pouquinho de água para dar liga. Refrigere por 30 minutos antes de usar.

Limão-siciliano
½

BARQUETE
de marrom-glacê

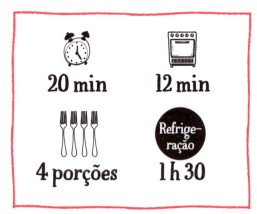

20 min • 12 min • 4 porções • Refrigeração 1 h 30

Marrom-glacê
200 g

Massa sablée
1 receita

1 Forre as forminhas de barquete com a massa. Espete-a com um garfo, cubra com papel-manteiga e espalhe feijões crus por cima. Leve ao forno preaquecido (180 °C) por 12 minutos. Retire o papel e os feijões.

2 Bata o marrom-glacê e incorpore a manteiga, o açúcar e as sementes de baunilha. Mantenha na geladeira por 30 minutos.

3 Recheie as barquetes com o creme e leve à geladeira por 1 hora. Cubra-as com o chocolate derretido e deixe endurecer.

Manteiga
50 g (em temperatura ambiente)

Açúcar de confeiteiro
70 g

💡 O marrom-glacê é um purê feito com castanhas portuguesas. Se não achar pronto, cozinhe 1 kg dessas castanhas até ficarem macias. Descasque, amasse e misture 500 ml de leite, batendo. Junte 300 g de açúcar, 100 g de manteiga em cubos e uma pitada de sal e misture até ficar homogêneo.

💡 Para fazer a massa sablée, veja a receita na página 148.

Fava de baunilha
1

Chocolate amargo
100 g

Bolinhos e biscoitos

BARQUETE
de framboesa

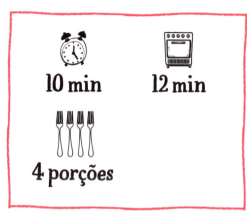

10 min · 12 min · 4 porções

Framboesa fresca
200 g

Massa podre
1 receita

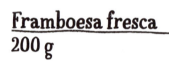

Creme de confeiteiro
150 g

Geleia de framboesa
5 colheres (sopa)

1 Forre as forminhas de barquete com a massa. Espete o fundo das massas com um garfo, cubra com papel-manteiga e espalhe feijões crus por cima dele. Leve ao forno preaquecido (180 °C) por 12 minutos. Retire o papel e os feijões.

2 Recheie as barquetes com o creme de confeiteiro. Disponha as framboesas sobre o creme. Aqueça a geleia e espalhe-a delicadamente sobre as framboesas.

💡 Para fazer a massa podre, misture com a ponta dos dedos 200 g de manteiga, 250 g de farinha de trigo e uma pitada de sal, formando uma farofa grossa. Junte 50 ml de água gelada aos poucos e amasse até obter uma massa macia. Refrigere por 30 minutos antes de usar.

💡 Para fazer o creme de confeiteiro, leve ao fogo 500 ml de leite, 1 colher (chá) de essência de baunilha e ½ xícara de açúcar até começar a ferver e desligue. Bata 3 gemas com ¼ de xícara de açúcar e junte ½ xícara de amido de milho. Despeje o leite sobre a mistura de gemas, aos poucos para as gemas não cozinharem, mexendo sempre. Depois, leve de volta ao fogo médio e bata com o batedor de arame até engrossar. Desligue o fogo e junte 1 colher (sopa) de manteiga.

PAVLOVA
de frutas vermelhas

20 min | 1 h | 4 porções

1 Bata as claras em ponto de neve firme com uma pitada de sal. Adicione o açúcar, o amido de milho e o vinagre. Bata por mais 30 segundos.

2 Forre uma assadeira com papel-manteiga levemente umedecido. Disponha o merengue de claras, formando 4 discos de 4 cm ou 5 cm. Com o dorso de uma colher úmida, faça uma pequena cova no centro de cada disco. Leve ao forno preaquecido (150 °C) por 1 hora.

3 Retire delicadamente o papel-manteiga e espere as pavlovas esfriarem completamente. Na hora de servir, coloque as frutas vermelhas no centro de cada pavlova.

Frutas vermelhas
400 g

Claras
3

Açúcar
120 g

Amido de milho
1 colher (chá)

Vinagre de fruta
1 colher (chá)

MERENGUE
de framboesa

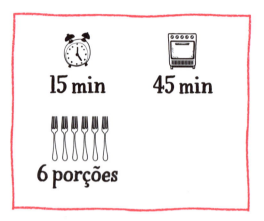

15 min 45 min

6 porções

1 Bata as framboesas no liquidificador e coe as sementes.

2 Bata as claras em neve firme, incorporando o açúcar aos poucos, em três levas. Adicione a essência de baunilha e bata por mais alguns minutos.

3 Forre uma assadeira com papel-manteiga e disponha nela pequenos montinhos do merengue. Então, despeje ½ colher (chá) da polpa de framboesa sobre cada um. Com uma faca, forme um pequeno redemoinho na superfície e leve ao forno preaquecido (110 °C) por 45 minutos.

Framboesa fresca
125 g

Claras
5

Açúcar
340 g

Essência de baunilha
1 colher (chá)

SUSPIRO
colorido

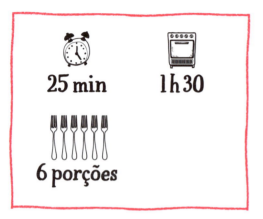

25 min — 1h 30 — 6 porções

1 Bata as claras em neve firme com uma pitada de sal. Incorpore o açúcar aos poucos e continue a bater por mais alguns minutos. Misture delicadamente o açúcar de confeiteiro.

2 Distribua a preparação em diversas tigelinhas. Tinja e aromatize cada porção com os corantes e a essência de baunilha.

3 Com um saco de confeitar com bico, molde 30 merengues sobre uma assadeira forrada com papel-manteiga, deixando um espaço entre eles. Leve ao forno preaquecido (100 °C) por 1h30.

💡 *Use bicos diferentes para cada cor ou molde com formatos distintos e você terá lindos suspiros coloridos.*

Claras
3

Açúcar
100 g

Açúcar de confeiteiro
120 g

Corantes alimentares
(siga as orientações da embalagem)

Essência de baunilha
1 colher (chá)

Bolinhos e biscoitos 158

MACARON
de amêndoa

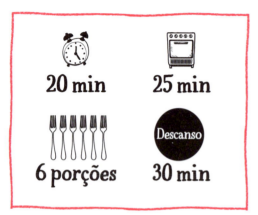

- 20 min
- 25 min
- 6 porções
- Descanso 30 min

1 Misture os açúcares, a farinha de amêndoa e a essência de amêndoa. Bata as claras rapidamente e incorpore-as à essa mistura. Mexa bem até obter uma massa homogênea.

2 Disponha aproximadamente 20 bolinhas de massa numa assadeira forrada com papel-manteiga. Umedeça a superfície de cada uma e deixe descansar por 30 minutos.

3 Leve ao forno preaquecido (150 °C) por 20 a 25 minutos.

Açúcar de confeiteiro
100 g

Açúcar de baunilha
8 g

Farinha de amêndoa
100 g

Essência de amêndoa
5 gotas

Claras
2

LÍNGUA
de gato

20 min — **5 min** — **6 porções**

1 Com uma espátula, bata a manteiga com os açúcares. Incorpore os ovos um a um, depois junte, aos poucos, a farinha peneirada e misture bem até a massa ficar homogênea.

2 Usando um saco de confeitar com bico, disponha pequenas linguetas de massa (com 5 cm de comprimento), deixando um espaço de 2 cm entre elas, numa assadeira forrada com papel-manteiga. Leve ao forno preaquecido (200 °C) por 4 a 5 minutos.

Manteiga
125 g (em temperatura ambiente)

Açúcar de baunilha
8 g

Açúcar
90 g

Ovos
2

Farinha de trigo
125 g

Bolinhos e biscoitos

COOKIE
com gotas de chocolate

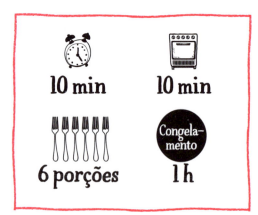

10 min
10 min
6 porções
Congelamento 1 h

1 Bata a manteiga com o açúcar até a mistura ficar homogênea. Incorpore o ovo, a farinha peneirada com o fermento, ½ colher (chá) de sal e, por fim, as gotas de chocolate. Com essa massa, faça um rolo de 5 cm de diâmetro, envolva-o em filme de PVC e leve ao congelador por, pelo menos, 1 hora.

2 Corte a massa em discos de 8 mm de espessura. Disponha-os numa assadeira forrada com papel-manteiga e leve ao forno preaquecido (200 °C) por, no máximo, 8 a 10 minutos. Quando esfriarem, os cookies vão endurecer, mas ficarão cremosos no meio.

Manteiga
150 g (em temperatura ambiente)

Açúcar
175 g

Ovo
1

Farinha de trigo
200 g

Fermento químico em pó
1 colher (chá)

Gotas de chocolate
100 g

Bolinhos e biscoitos 164

BISCOITO
bretão

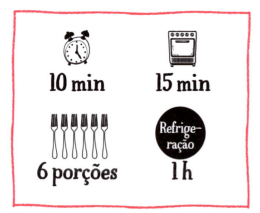

10 min · 15 min · 6 porções · Refrigeração 1 h

Gemas
2

Açúcar
75 g

1 Bata as gemas com o açúcar até a mistura ficar homogênea. Incorpore a manteiga, depois, a farinha e o fermento peneirados. Forme uma bola com a massa, envolva-a num filme de PVC e leve à geladeira por 1 hora.

2 Abra a massa até ficar com 1 cm de espessura e recorte aproximadamente 30 discos. Disponha-os numa assadeira forrada com papel-manteiga e leve ao forno preaquecido (180 °C) por 15 minutos.

Manteiga com sal
80 g (em temperatura ambiente)

Farinha de trigo
120 g

Fermento químico em pó
1 colher (chá)

Bolinhos e biscoitos 166

SHORTBREAD
(biscoito inglês)

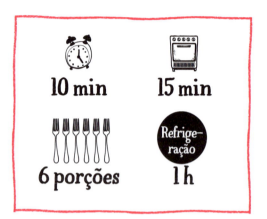

Manteiga com sal
225 g (em temperatura ambiente)

Açúcar de confeiteiro
125 g

Farinha de trigo
340 g

1 Bata a manteiga com o açúcar até a mistura ficar homogênea. Incorpore a farinha aos poucos. Forme uma bola com a massa, envolva-a em filme de PVC e leve à geladeira por 1 hora.

2 Abra a massa numa folha de papel-manteiga, deixando-a com 1,5 cm de espessura. Recorte os biscoitos com um cortador e faça furinhos em sua superfície com um garfo.

3 Disponha-os numa assadeira forrada com papel-manteiga e leve ao forno preaquecido (160 °C) por 15 minutos.

BIJU

25 min | 5 min | 4 porções

1 Bata a manteiga com o açúcar até a mistura ficar cremosa, então, junte as claras, rapidamente batidas. Incorpore a farinha e misture até a massa ficar homogênea.

2 Em uma assadeira rasa forrada com papel-manteiga, disponha a massa cortada em discos de 10 cm de diâmetro. Leve ao forno preaquecido (170 °C) por 5 minutos, até que as bordas estejam douradas.

3 Assim que retirar do forno, enrole os discos no cabo de uma colher de madeira e deixe esfriar.

Manteiga com sal
90 g (em temperatura ambiente)

Açúcar
90 g

Claras
3

Farinha de trigo
90 g

Bolinhos e biscoitos 170

BARRINHA
com glacê de laranja

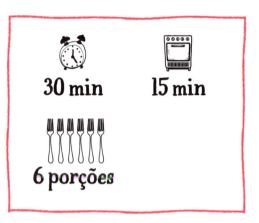

30 min | 15 min
6 porções

Geleia de laranja
50 g

Massa folhada
1

1 Abra a massa folhada. Espalhe a geleia de laranja sobre a massa.

2 Bata a clara, incorporando o açúcar de confeiteiro aos poucos, até obter um creme espesso, mas fluido. Junte o suco do limão e misture. Espalhe essa preparação sobre a geleia em uma camada fina e alise com uma espátula.

3 Recorte retângulos de 8 cm × 3 cm. Decore com cascas de laranja cristalizadas, se quiser. Leve ao forno preaquecido (200 °C) por 15 minutos.

Clara
1

Açúcar de confeiteiro
170 g

Suco de limão
1 colher (chá)

AMANTEIGADO INTEGRAL
com geleia

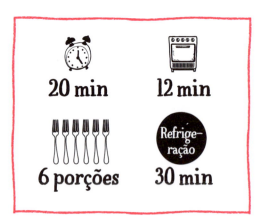

20 min — 12 min — 6 porções — Refrigeração 30 min

Farinha integral
150 g

Manteiga
75 g

1 Misture a farinha com a manteiga cortada em cubos para formar um tipo de farofa. Junte o açúcar e 2 ou 3 colheres (sopa) de água e trabalhe a massa até ela ficar lisa e não pegajosa. Envolva-a em filme de PVC e leve à geladeira por 30 minutos.

2 Abra a massa, deixando-a com 2 cm de espessura. Com um cortador, recorte os biscoitos formando pares: um inteiro e outro com dois orifícios. Disponha-os numa assadeira forrada com papel-manteiga e leve ao forno preaquecido (180 °C) por 12 minutos.

3 Espalhe a geleia na parte inteira. Cubra-a com a parte furada e polvilhe com açúcar de confeiteiro.

Açúcar
3 colheres (sopa)

Geleia
5 colheres (sopa)

Açúcar de confeiteiro
3 colheres (sopa)

AMANTEICADO
de flor de laranjeira

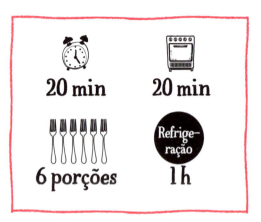

20 min | 20 min
6 porções | Refrigeração 1 h

1 Misture a farinha, o açúcar e uma pitada de sal. Junte a manteiga cortada em cubos e amasse com a ponta dos dedos até formar uma farofa. Incorpore o ovo e a água de flor de laranjeira e, depois, forme uma bola com a massa. Envolva-a em filme de PVC e leve à geladeira por 1 hora.

2 Abra a massa até ficar com 1 cm de espessura. Usando um cortador, recorte discos de 5 cm a 7 cm de diâmetro.

3 Com a ponta de uma faca, desenhe um quadriculado sobre os biscoitos e coloque-os numa assadeira forrada com papel-manteiga. Leve ao forno preaquecido (170 °C) por 20 minutos.

Farinha de trigo
250 g

Açúcar demerara
100 g

Manteiga
125 g

Ovo
1

Água de flor de laranjeira
½ colher (sopa)

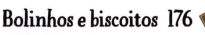

AMANTEICADO
de amêndoa e canela

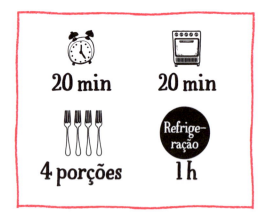

20 min | 20 min
4 porções | Refrigeração 1 h

Farinha de amêndoa
60 g

Farinha de trigo
125 g

1 Misture a farinha de trigo, uma pitada de sal, metade do açúcar, a farinha de amêndoa e as sementes de baunilha. Adicione a manteiga e trabalhe a massa com as mãos até ficar com consistência arenosa. Envolva-a em filme de PVC e leve à geladeira por 1 hora.

2 Forme 8 bolinhas de massa e passe-as no restante do açúcar de confeiteiro. Disponha-as numa assadeira forrada com papel-manteiga, pressione-as levemente e polvilhe-as com uma pitada de canela.

3 Leve ao forno preaquecido (160 °C) por 15 a 20 minutos.

Açúcar de confeiteiro
100 g

Fava de baunilha
½

Manteiga
100 g (derretida)

Canela em pó
8 pitadas

Bolinhos e biscoitos 178

BISCOITO
diamante

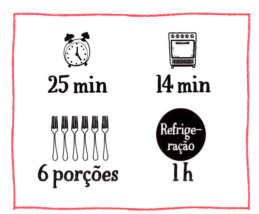

1 Bata a manteiga com o açúcar e as sementes de baunilha. Junte a farinha de uma vez só e forme dois rolos com a massa. Envolva-os em filme de PVC e leve à geladeira por 1 hora.

2 Pincele ligeiramente os rolos com gema e passe-os no açúcar demerara, pressionando bem. Corte-os em fatias de 2 cm de espessura e disponha-os em uma assadeira forrada com papel-manteiga. Leve ao forno preaquecido (180 °C) por 14 minutos.

Manteiga
120 g (em temperatura ambiente)

Açúcar
50 g

Fava de baunilha
1

Farinha de trigo
160 g

Gema
1

Açúcar cristal dourado
4 colheres (sopa)

Bolinhos e biscoitos 180

DELÍCIA
de nozes

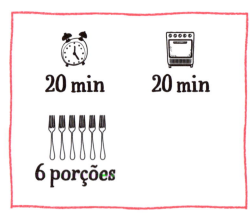

20 min | 20 min
6 porções

Nozes
100 g + 20 g

Ovos
3

1 Triture grosseiramente os 100 g de nozes. Separe as gemas das claras. Bata as gemas com o açúcar até a mistura ficar homogênea. Junte o amido de milho e as nozes trituradas e mexa bem.

2 Bata as claras em neve bem firme. Incorpore 2 colheres (sopa) dessas claras em neve à preparação de nozes, misturando rapidamente. Então, adicione o restante das claras em neve e misture com delicadeza.

3 Disponha a massa em 6 forminhas de empadinha pequenas untadas com manteiga e leve ao forno preaquecido (180 °C) por 10 minutos. Reduza a temperatura para 150 °C e asse por mais 10 minutos.

4 Dissolva o açúcar de confeiteiro em 1 colher (sopa) de água, acrescente o café e misture bem. Espalhe essa cobertura sobre os bolinhos assados e já frios e decore com o restante das nozes.

Açúcar
130 g

Amido de milho
75 g

Açúcar de confeiteiro
80 g

Café solúvel
1 colher (chá)

Bolinhos e biscoitos 182

OVOS
nevados

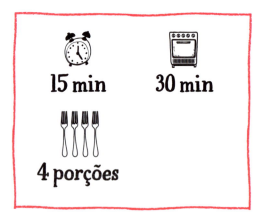

15 min   30 min

4 porções

Claras
8

Açúcar
140 g

Creme inglês
300 ml

Limão
Suco de ½ unidade

1 Bata as claras em neve firme com uma pitada de sal e 40 g de açúcar. Disponha a mistura numa fôrma redonda. Coloque água quente numa assadeira maior do que a fôrma e deposite a fôrma com o merengue dentro dessa assadeira (para assar em banho-maria). Leve ao forno preaquecido (180 °C) por 30 minutos.

2 Divida o creme inglês em 4 taças. Desenforme o merengue depois de assado e frio, corte-o em fatias e distribua-as nas taças.

3 Derreta 100 g de açúcar em fogo baixo com 2 colheres (sopa) de água e um pouco de suco do limão até formar um caramelo dourado. Despeje pequenos fios desse caramelo, ainda fervente, sobre os merengues das taças. Sirva gelado.

💡 *Para fazer o creme inglês, bata 4 gemas e ⅓ de xícara de açúcar até obter um creme claro. Aqueça, sem ferver, 1 xícara de leite, 1 xícara de creme de leite, ⅓ de xícara de açúcar e sementes de ½ fava de baunilha. Despeje, aos poucos, sobre a mistura de gemas, batendo sempre. Depois, leve de volta ao fogo baixo e cozinhe por 10 minutos, até engrossar, mexendo sempre. Deixe na geladeira (coberto com filme de PVC em contato com a superfície para não formar película) até a hora de usar.*

Cremes, musses e sobremesas

CRÈME
brûlée

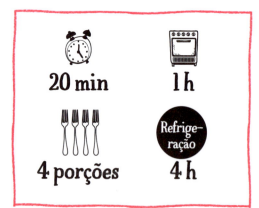

20 min | 1 h
4 porções | Refrigeração 4 h

1 Ferva o leite com o creme de leite e as sementes da fava de baunilha. Retire do fogo e deixe as sementes em infusão.

2 Bata as gemas com o açúcar, junte o leite aromatizado coado e misture. Despeje essa preparação em 4 ramequins individuais. Encha uma assadeira com água até ⅔ da altura e disponha nela os ramequins. Leve ao forno preaquecido (180 °C), para assar em banho-maria, por 1 hora.

3 Depois que os cremes esfriarem, coloque-os na geladeira por 4 horas. Antes de servir, polvilhe-os com açúcar mascavo e coloque-os no forno por alguns minutos para a superfície caramelizar. Ou caramelize com um pequeno maçarico de cozinha.

Leite
200 ml

Creme de leite fresco
300 ml

Fava de baunilha
1

Gemas
4

Açúcar
80 g

Açúcar mascavo
40 g

Cremes, musses e sobremesas

OVOS
ao leite

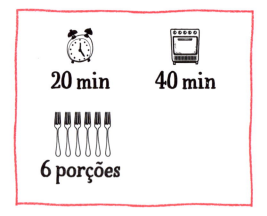

20 min — **40 min**

6 porções

1 Ferva o leite com o açúcar e as sementes de baunilha (retire-as da fava).

2 Bata os ovos inteiros e despeje-os, pouco a pouco, no leite fervente coado, mexendo sem parar.

3 Disponha a mistura em 6 ramequins individuais e coloque-os numa assadeira com água até ⅔ da altura. Leve ao forno preaquecido (200 °C), para assar em banho-maria, por 40 minutos.

Leite integral
1 litro

Açúcar
125 g

Fava de baunilha
1

Ovos
4

Cremes, musses e sobremesas

TACINHA
de creme de baunilha

10 min • 15 min
6 porções • Refrigeração 3 h

Leite
500 ml

Fava de baunilha
1

1 Ferva o leite com as sementes da fava de baunilha.

2 Bata os ovos inteiros com o açúcar. Incorpore o creme de leite e coloque essa mistura lentamente na panela com o leite coado.

3 Deixe engrossar em fogo baixo, mexendo constantemente. Quando o creme aderir à colher, distribua-o em 6 taças individuais e coloque-as na geladeira por, pelo menos, 3 horas.

Ovos
2 inteiros + 6 gemas

Açúcar
200 g

Creme de leite fresco
500 ml

Cremes, musses e sobremesas

FLÃ
de cacau

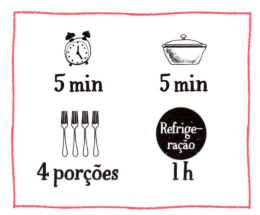

5 min — 5 min
4 porções — Refrigeração 1 h

1 Ferva o leite com o creme de leite, o cacau em pó e ¹/₃ de xícara de água.

2 Adicione o café, o xarope de agave e o ágar-ágar. Mexa bem e mantenha no fogo por mais alguns instantes.

3 Distribua a preparação em 4 taças de vidro. Leve à geladeira por, pelo menos, 1 hora. Sirva bem gelado.

Leite
170 ml

Creme de leite fresco
250 ml

Cacau em pó
2 colheres (chá)

Café coado forte
2 colheres (sopa)

Xarope de agave
40 g

Ágar-ágar
2 colheres (chá) rasas

Cremes, musses e sobremesas

TACINHA
de banana e chocolate

15 min   5 min

4 porções

Bananas
2

Chocolate amargo
8 quadradinhos

1 Amasse 1 banana com os 2 potes de iogurte.

2 Divida os biscoitos triturados em 4 tacinhas. Por cima, disponha a mistura de banana e iogurte. Cubra com fatias da banana restante.

3 Derreta o chocolate em banho-maria com 4 colheres (sopa) de água. Espalhe-o sobre as bananas e leve à geladeira.

Iogurte natural
2

Biscoito maisena
4

Cremes, musses e sobremesas

ZABAIONE
de limão

15 min · 3 min · 4 porções

Limão-siciliano
1

Gemas
4

Açúcar
75 g

Vinho branco seco
250 ml

1 Descasque o limão tomando cuidado para que fique o mínimo possível da parte branca na casca. Reserve a casca. Misture as gemas, o açúcar, o vinho e a casca do limão num recipiente refratário. Coloque-o em banho-maria no fogo e bata a mistura vigorosamente até ficar espumante e com o dobro do volume.

2 Retire do banho-maria e bata por mais 30 segundos. Remova a casca do limão, disponha a preparação em copos e sirva em seguida, com bolos secos ou frutas frescas.

Esta sobremesa também pode ser preparada com um vinho de sobremesa, como Sauternes ou Marsala.

Cremes, musses e sobremesas

PAVÊ
de chocolate e maracujá

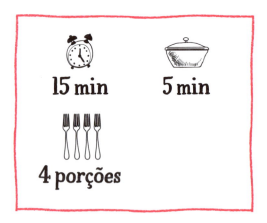

15 min   5 min

4 porções

1 Aqueça as polpas com o açúcar e deixe engrossar por 5 minutos.

2 Derreta o chocolate com a manteiga no micro-ondas. Bata o creme de leite com o açúcar de confeiteiro em ponto de chantili e incorpore-o delicadamente ao chocolate já frio.

3 Em 4 taças individuais, disponha camadas de biscoitos em pedaços intercaladas com o chantili de chocolate e as polpas das frutas.

Polpas congeladas de manga e maracujá
150 g

Chocolate praliné
100 g

Manteiga
25 g

Creme de leite fresco
100 ml (bem gelado)

Biscoitos champanhe
1 pacote

... e também um pouco de

Açúcar (30 g)

Açúcar de confeiteiro (30 g)

Cremes, musses e sobremesas

FLÃ DE ABACAXI
e coco

5 min | 30 min | 4 porções

Abacaxi em calda
300 g

Leite
100 ml

1 Bata no liquidificador o abacaxi picado, o leite, 100 ml de água, os ovos e o coco ralado.

2 Despeje a mistura em 4 ramequins individuais e leve ao forno preaquecido (180 °C) por 30 minutos. Deixe esfriar e leve à geladeira até o momento de servir.

Ovos
2

Coco ralado
10 g

FLÃ DE CHOCOLATE
e coco

15 min · 5 min · 4 porções · Refrigeração 2 h

1 Ferva o creme de leite com o leite de coco e o açúcar.

2 Junte o ágar-ágar, espere ferver novamente e acrescente o chocolate e o coco. Misture bem e despeje essa preparação em 4 ramequins individuais.

3 Deixe esfriar e leve à geladeira por, pelo menos, 2 horas antes de servir.

Creme de leite fresco
200 ml

Leite de coco
250 ml

Açúcar
1 colher (sopa)

Chocolate amargo
70 g (picado)

Ágar-ágar
2 g

Coco ralado
4 colheres (sopa)

Cremes, musses e sobremesas

MUSSE CLÁSSICA
de chocolate amargo

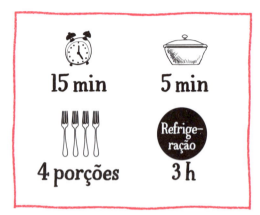

15 min • 5 min
4 porções • Refrigeração 3 h

Chocolate amargo
250 g

Manteiga com sal
50 g

Ovos
4 inteiros + 2 claras

Açúcar
50 g

1 Derreta o chocolate picado em banho-maria, junte a manteiga e mexa bem para deixar uma mistura uniforme. Separe as claras das gemas. Incorpore as gemas ao chocolate derretido e misture bem.

2 Bata as 6 claras em neve firme, junte o açúcar e continue a bater até o ponto de neve. Incorpore-as delicadamente à mistura de chocolate, em três levas. Disponha a musse numa tigela de servir e leve à geladeira por, pelo menos, 2 horas.

Cremes, musses e sobremesas

MUSSE
de caramelo cremoso

20 min — 10 min
4 porções — Refrigeração 4 h

1 Coloque as folhas de gelatina de molho em bastante água gelada por 10 minutos. Aqueça o açúcar com um pouco de água até formar um caramelo dourado. Fora do fogo, junte a manteiga cortada em cubos, misture bem e, então, incorpore 100 ml do creme de leite quente. Escorra bem as folhas de gelatina e adicione ao caramelo, misturando bem.

2 Bata as gemas, incorpore-as à preparação anterior e deixe esfriar.

3 Bata o restante do creme de leite, bem gelado, até o ponto de chantili e incorpore-o delicadamente à mistura. Distribua a musse em 4 taças pequenas e leve à geladeira por, pelo menos, 4 horas.

Açúcar
100 g

Gelatina incolor sem sabor
4 folhas

Manteiga com sal
75 g

Creme de leite fresco
500 ml

Gemas
3

Cremes, musses e sobremesas

DUETO DE MUSSES
de caramelo e de chocolate branco

15 min • 10 min • 6 porções • Refrigeração 4 h

Balas de caramelo com chocolate
10

Chocolate branco
90 g

Creme de leite fresco
4 colheres (sopa)

Ovos
4 inteiros + 1 clara

1 Derreta o chocolate branco em banho-maria com 2 colheres (sopa) de creme de leite. Separe as claras das gemas. Fora do fogo, junte 2 gemas ao chocolate e misture bem.

2 Derreta as balas de caramelo com o creme de leite restante e mexa bem até a mistura ficar macia e homogênea. Fora do fogo, acrescente as outras 2 gemas e mexa bem.

3 Bata as 5 claras em neve e incorpore delicadamente metade delas ao chocolate branco e a outra metade ao caramelo.

4 Distribua ambas as musses em 6 copos, em camadas alternadas, e leve à geladeira por 4 horas.

Cremes, musses e sobremesas

MUSSE
de morango

20 min — Sem cozimento
6 porções — Refrigeração 2 h

Morango
250 g

Limão-siciliano
½

1 Bata no liquidificador os morangos com o suco do limão. Na batedeira, bata esse purê de morango com a clara e o açúcar por aproximadamente 10 minutos, até a mistura crescer e ficar aerada.

2 Divida a musse em 6 taças e leve à geladeira por, pelo menos, 2 horas.

Clara
1

Açúcar
70 g

Cremes, musses e sobremesas

MUSSE
de framboesa

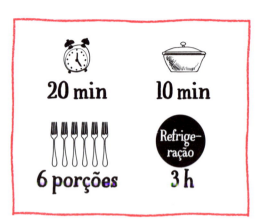

20 min — 10 min — 6 porções — Refrigeração 3 h

Framboesa congelada
500 g

Gelatina incolor sem sabor
4 folhas

Creme de leite fresco
500 ml (bem gelado)

Suspiro
3 (receita na p. 158)

1 Coloque as folhas de gelatina de molho em bastante água gelada por 10 minutos.

2 Aqueça as framboesas (reserve 8 delas) numa panela por 10 minutos até obter um purê espesso. Disponha 1 colher (sopa) dessa preparação no fundo de 6 taças. Escorra bem as folhas de gelatina e incorpore-as ao restante do purê quente.

3 Bata o creme de leite até obter um chantili consistente. Acrescente delicadamente o purê com gelatina e misture. Disponha a musse nas taças até a metade da altura e salpique a superfície com os suspiros esfarelados. Complete com o restante da musse, decore com um pouco mais de suspiro e uma framboesa. Mantenha na geladeira por, pelo menos, 3 horas antes de servir.

Cremes, musses e sobremesas

MUSSE DE COCO
e limão

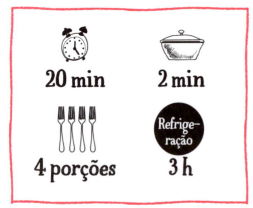

20 min | 2 min
4 porções | Refrigeração 3 h

1 Coloque a folha de gelatina de molho em bastante água gelada por 10 minutos.

2 Aqueça, em fogo baixo, o leite de coco com o açúcar mascavo. Retire a panela do fogo, escorra bem a folha de gelatina e junte à panela misturando bem.

3 Bata o creme de leite bem gelado até o ponto de chantili. Incorpore-o ao creme de coco já frio, depois, adicione as raspas da casca do limão e o coco ralado. Distribua essa preparação em 4 tacinhas e leve à geladeira por, pelo menos, 3 horas antes de servir.

Leite de coco
200 ml

Gelatina incolor sem sabor
1 folha

Açúcar mascavo
20 g

Creme de leite fresco
200 ml

Limão
1

Coco ralado
35 g

Cremes, musses e sobremesas

ARROZ-DOCE
clássico

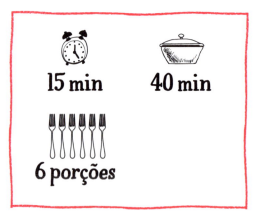

15 min — 40 min — 6 porções

1. Em uma panela grande, aqueça o leite com a fava de baunilha aberta e o açúcar.

2. Lave o arroz e coloque-o em 1 litro de água fervente. Depois de 2 minutos, escorra-o e mergulhe-o no leite fervente. Tampe e cozinhe em fogo baixo por 30 a 40 minutos.

3. Quando o arroz estiver cozido, retire a fava e junte a manteiga e as gemas uma a uma, misturando bem.

Arroz arbório
200 g

Leite
900 ml

Fava de baunilha
1

Açúcar
70 g

Manteiga
50 g

Gemas
3

Cremes, musses e sobremesas

ARROZ-DOCE
com coco e maracujá

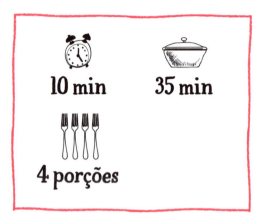

10 min 35 min

4 porções

1 Em uma panela, aqueça o leite de coco com a fava de baunilha aberta.

2 Lave o arroz várias vezes e coloque-o na panela com o leite de coco juntamente com o açúcar. Mexa, deixe ferver e cozinhe por 25 a 30 minutos em fogo baixo. No fim do cozimento, remova a fava.

3 Retire a polpa dos maracujás. Sirva o arroz-doce, quente ou frio, coberto com polpa de maracujá.

Arroz arbório
120 g

Leite de coco
1 litro

Maracujá
4

Fava de baunilha
1

Açúcar demerara
100 g

Cremes, musses e sobremesas 218

SAGU
de frutas cítricas

15 min — 20 min — 4 porções

1 Ferva o leite vegetal com o açúcar e as raspas da casca do limão. Adicione o sagu, mexa e cozinhe em fogo baixo por 15 a 20 minutos, até os grãos ficarem translúcidos. Divida a mistura em 4 tigelinhas individuais.

2 Descasque as laranjas e as tangerinas e corte-as em gomos. Disponha-os sobre o sagu e enfeite com o coentro picado.

Sagu
50 g

Laranja
2

Tangerina
2

Limão-siciliano
1

Leite vegetal
700 ml

... e também um pouco de

Açúcar (50 g)

Coentro (2 ramos)

Cremes, musses e sobremesas

PANNA COTTA
com calda de framboesa

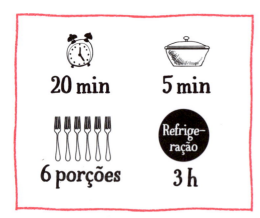

20 min — 5 min
6 porções — Refrigeração 3 h

1 Coloque as folhas de gelatina de molho em bastante água gelada por 10 minutos. Em uma panela, ferva o creme de leite com 50 g de açúcar e as sementes da fava de baunilha. Fora do fogo, retire as folhas de gelatina da água, escorra-as bem e incorpore à mistura até a gelatina ficar totalmente dissolvida. Coloque o creme em 4 taças e leve à geladeira por, pelo menos, 3 horas.

2 Bata no liquidificador as framboesas com 1 colher (sopa) de açúcar e as gotas do suco do limão. Coe esse purê e leve-o à geladeira.

3 Na hora de servir, cubra a panna cotta com o purê de framboesa. Decore com o pistache picado e algumas framboesas.

Framboesa fresca
80 g

Creme de leite fresco
500 ml

Açúcar
50 g + 1 colher (sopa)

Fava de baunilha
1

Pistache cru, picado
1 colher (chá)

... e também um pouco de

Gelatina incolor sem sabor (2½ folhas)

Limão (algumas gotas)

Cremes, musses e sobremesas

VACHERIN
fácil

1. Coloque o sorbet de framboesa na geladeira. Quando ele tiver amolecido um pouco, disponha-o em 4 forminhas de muffin e leve ao congelador por 30 minutos.

2. Bata o creme de leite com o açúcar e as sementes de baunilha até o ponto de chantili.

3. Desenforme os 4 sorbets. Coloque um pouco de chantili sobre cada um deles e decore-os com 3 suspiros em cada um. Sirva em seguida com framboesas.

Framboesa fresca
125 g

Suspiro pequeno
12 (receita na p. 158)

Sorbet de framboesa
500 ml (receita na p. 256)

Creme de leite fresco
150 ml (bem gelado)

Fava de baunilha
½

Açúcar de confeiteiro
15 g

Cremes, musses e sobremesas   224

FONTAINEBLEAU
com calda de amora

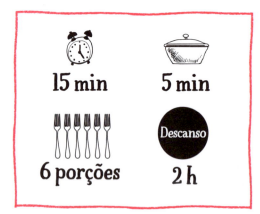

15 min | 5 min
6 porções | Descanso 2 h

Creme de leite fresco
300 ml (bem gelado)

Queijo cottage
300 g

Amora
200 g

Açúcar
4 colheres (sopa)

1 Bata o creme de leite em ponto de chantili e incorpore a ele, aos poucos, o queijo cottage. Bata por mais 3 minutos até a preparação ficar bem leve. Disponha-a em 6 ramequins individuais forrados com um tecido fino tipo um pano de prato ou um pedaço de tule para que a preparação fique no tecido e o soro do queijo escorra, prenda a borda do tecido já com a preparação na borda do ramequim com um elástico para que não encoste no fundo. Leve à geladeira e deixe descansar até o soro escoar, por 2 horas.

2 Em uma panela, aqueça, por 5 minutos, as amoras com o açúcar e 2 colheres (sopa) de água. Bata no liquidificador para obter uma calda.

3 Retire o creme dos ramequins, descarte o soro e coloque em taças individuais. Antes de servir, regue as sobremesas com a calda de amora.

Cremes, musses e sobremesas

PUDIM DE BAUNILHA
com calda de framboesa

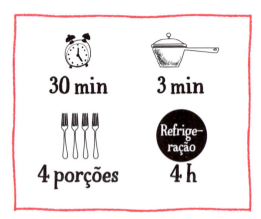

30 min · 3 min · 4 porções · Refrigeração 4 h

Framboesa fresca
150 g

Creme de leite fresco
200 ml (bem gelado)

1 Coloque a gelatina de molho em bastante água gelada por 10 minutos, retire da água, escorra bem e aqueça-a rapidamente em uma panela em banho-maria para que ela derreta. Bata o creme de leite até o ponto de chantili bem consistente.

2 Misture o cream cheese com 140 g de açúcar e as sementes de baunilha. Incorpore o chantili e a gelatina e divida essa mistura em 4 taças altas. Leve à geladeira por, pelo menos, 4 horas.

3 Bata no liquidificador as framboesas com o restante do açúcar e o suco do limão. Coe a mistura e leve à geladeira. Na hora de servir, cubra os pudins com a calda de framboesa.

💡 *Se quiser, substitua 50 g de cream cheese por 100 ml de leite de coco.*

Cream cheese
200 g

Açúcar
170 g

... e também um pouco de

Gelatina incolor sem sabor (3 folhas)

Limão (1)

Fava de baunilha
1

Cremes, musses e sobremesas

PAVÊ DE PÊSSEGO
com chantili

15 min — Sem cozimento

6 porções

1 Corte os pêssegos em fatias finas. Reserve a calda. Bata o creme de leite em ponto de chantili, acrescentando aos poucos o açúcar de baunilha.

2 Reserve 4 biscoitos e esmigalhe metade dos que restaram. Forre o fundo de uma travessa de vidro retangular com os biscoitos esmigalhados. Regue-os com a metade da calda reservada, disponha metade dos pêssegos fatiados e metade do chantili. Faça novas camadas: biscoitos, calda, pêssegos e chantili. Esmigalhe os 4 biscoitos reservados e espalhe na superfície para decorar. Mantenha o pavê na geladeira até o momento de servir.

💡 A receita original usa o biscoito rosa de Reims, uma iguaria típica da região de Champagne, na França. Foi o precursor do biscoito champanhe, muito usado em pavês, por isso é indicado como substituto.

Pêssegos em calda
800 g

Creme de leite fresco
300 ml (bem gelado)

Açúcar de baunilha
8 g

Biscoito champanhe
200 g

Cremes, musses e sobremesas

TIGELINHA
de ricota e laranja

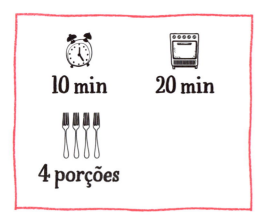

10 min | 20 min

4 porções

1 Bata os ovos com o açúcar. Junte a ricota e bata novamente por mais 2 minutos.

2 Descasque a laranja com cuidado para que fique o mínimo possível da parte branca grudada na casca, corte a casca em tiras finas e esprema o suco. Incorpore a casca e o suco à preparação.

3 Distribua a massa em 4 ramequins individuais e leve ao forno preaquecido (180 °C) por 20 minutos, até a superfície ficar dourada. Sirva a sobremesa quente ou fria.

Laranja
1

Ovos
3

Açúcar
60 g

Ricota
250 g

Cremes, musses e sobremesas   232

SOPA FRIA DE PÊSSEGO
com sorvete de iogurte

10 min
20 min
4 porções
Sorveteira 30 min
Infusão 10 min

Iogurte natural
2

Pêssego
4

Capim-limão
2 ramos

Açúcar mascavo
20 g

1 Coloque o iogurte numa sorveteira e acione-a por 30 minutos.

2 Mergulhe os pêssegos em água fervente por 1 minuto. Escorra-os, descasque-os e corte-os em quatro.

3 Coloque o capim-limão e o açúcar mascavo em 1 litro de água fervente e deixe em infusão em fogo baixo por 10 minutos. Junte os pêssegos e continue o cozimento por mais 10 minutos.

4 Sirva os pêssegos com um pouco da sopa e acompanhados de uma bola de sorvete de iogurte.

Cremes, musses e sobremesas

SOPA FRIA DE MELÃO
com hortelã

15 min — Sem cozimento
4 porções — Refrigeração 1 h

Melão cantaloupe
1

Limão-siciliano
1

Hortelã fresca
20 folhas

1 Abra o melão ao meio, retire as sementes e corte a polpa em pedaços grandes. Esprema o limão sobre os pedaços.

2 Bata essa polpa no liquidificador até obter um suco bem cremoso. Reserve na geladeira por, pelo menos, 1 hora.

3 Divida a sopa em 4 tigelas ou recipientes de vidro, salpique com as folhas de hortelã inteiras e sirva.

Cremes, musses e sobremesas

SOPA FRIA DE FRUTAS CÍTRICAS
com especiarias

- 10 min
- 2 min
- 4 porções
- Infusão 15 min

1 Esprema 2 laranjas e coloque o suco numa panela. Junte o mel, a canela, o anis-estrelado e as sementes de baunilha. Aqueça um pouco e, fora do fogo, deixe em infusão por 15 minutos.

2 Descasque as laranjas restantes e os grapefruits. Separe-os em gomos, distribua-os nos pratos e regue com a calda de especiarias. Sirva em seguida.

Laranja
4

Grapefruit
2

Mel
100 ml

Canela
1 pau

Anis-estrelado
1

Fava de baunilha
1

Cremes, musses e sobremesas

SOPA FRIA DE FRUTAS TROPICAIS
com amêndoas

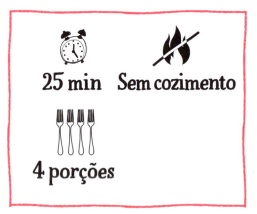

25 min — Sem cozimento

4 porções

1 Descasque o abacaxi, a manga e o mamão. Remova o miolo central do abacaxi, o caroço da manga e as sementes do mamão. Corte essas frutas em cubos e misture-as.

2 Misture a polpa do maracujá com o suco das laranjas. Triture grosseiramente as amêndoas.

3 Distribua os cubinhos de frutas em 4 tigelas e regue-os com a calda de laranja e maracujá. Leve à geladeira. Na hora de servir, salpique a sopa com as amêndoas.

Abacaxi
½

Manga
1

Mamão papaia
1

Maracujá
1

Laranja
2

Amêndoa sem pele
50 g

Cremes, musses e sobremesas 240

TAÇA DE CREME
e marrom-glacê

10 min · Sem cozimento · 4 porções · Descanso 1 h · Refrigeração 2 h

Queijo cottage
200 g

Marrom-glacê
100 g

Creme de leite fresco
200 ml

1 Deixe o queijo cottage escorrer numa peneira forrada com um pano de prato fino ou tule. Depois que o queijo tiver escorrido bem, coloque-o numa tigela juntamente com o creme de leite e bata até ficar um creme fofo. Leve à geladeira por 2 horas, mantendo as pás da batedeira dentro da tigela na geladeira para que fiquem geladas também.

2 Bata o creme novamente na batedeira e, depois, com uma colher, incorpore o marrom-glacê, deixando a mistura com aspecto marmorizado. Divida essa preparação em 4 taças de vidro individuais e leve à geladeira até o momento de servir. Decore com palitos de chocolate.

💡 O marrom-glacê é um purê doce feito com castanhas portuguesas. Se não encontrar, substitua por doce de leite ou faça a sua versão caseira: cozinhe 1 kg de castanhas portuguesas até ficarem macias. Descasque, amasse e misture 500 ml de leite, batendo até incorporar. Junte 300 g de açúcar, 100 g de manteiga em cubos e uma pitada de sal e misture bem, até ficar homogêneo.

MONT-BLANC
no pote

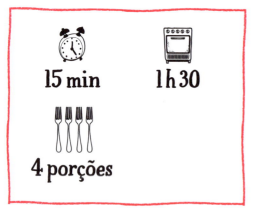

15 min | 1h30
4 porções

Marrom-glacê
200 g

Claras
2

Açúcar
140 g

Manteiga com sal
60 g (amolecida)

Creme de leite fresco
350 ml (bem gelado)

1 Bata as claras em neve firme, junte 100 g de açúcar e mexa delicadamente para obter um merengue bem homogêneo. Disponha pequenos montinhos dessa preparação em uma assadeira forrada com papel-manteiga. Leve ao forno preaquecido (100 °C) por 1h30.

2 Misture a manteiga com o marrom-glacê. Bata o creme de leite em ponto de chantili e incorpore o açúcar restante.

3 Disponha os merengues no fundo de 4 potes individuais, cubra com o chantili e, por fim, com o marrom-glacê, formando uma rosácea.

O marrom-glacê é um purê doce feito com castanhas portuguesas. Se não encontrar, substitua por doce de leite ou faça a sua versão caseira: cozinhe 1 kg de castanhas portuguesas até ficarem macias. Descasque, amasse e misture 500 ml de leite, batendo até incorporar. Junte 300 g de açúcar, 100 g de manteiga em cubos e uma pitada de sal e misture bem, até ficar homogêneo.

Cremes, musses e sobremesas

CHEESECAKE
de morango no pote

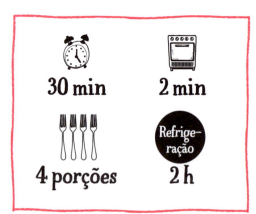

30 min | 2 min
4 porções | Refrigeração 2 h

Biscoito bretão
10 (receita na p. 166)

Limão-siciliano
1

1 Triture os biscoitos e distribua metade deles em 4 potes individuais. Coloque as folhas de gelatina de molho em bastante água gelada por 10 minutos. Aqueça o suco do limão e incorpore a ele as folhas de gelatina bem escorridas.

2 Bata o açúcar com o cream cheese e junte o suco do limão com a gelatina derretida. Bata o creme de leite em ponto de chantili e incorpore-o à mistura anterior.

3 Disponha metade do creme nos potes. Cubra com metade dos morangos cortados em fatias finas, acrescente o restante dos biscoitos triturados e, por fim, o restante do chantili e dos morangos. Leve à geladeira por, pelo menos, 2 horas.

Açúcar
200 g

Cream cheese
450 g

Morango
250 g

... e também um pouco de

Gelatina incolor sem sabor em folhas (4 folhas)

Creme de leite bem gelado (150 ml)

Cremes, musses e sobremesas

ROLINHO PRIMAVERA
de manga com calda de maracujá

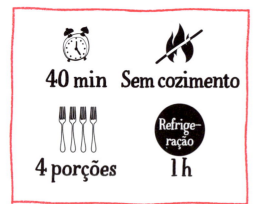

40 min — Sem cozimento
4 porções — Refrigeração 1 h

Maracujá
2

Manga
3

1 Misture a polpa e as sementes dos maracujás com o xarope de agave. Descasque as mangas e corte-as em tiras bem finas. Destaque as folhas de hortelã do ramo.

2 Umedeça as folhas de papel de arroz com um pouco de água morna e enxugue-as com um pano limpo. Disponha em cada uma delas algumas folhas de hortelã e um pouco de manga. Enrole a folha sobre o recheio, dobre as extremidades e acabe de enrolar. Leve à geladeira por, pelo menos, 1 hora e sirva com a calda de maracujá.

Xarope de agave
3 colheres (sopa)

Hortelã fresca
1 ramo grande

Papel de arroz para rolinho primavera
8 folhas

Cremes, musses e sobremesas

ROLINHO PRIMAVERA
de banana com chocolate e caramelo

10 min · Sem cozimento · 6 porções · Refrigeração 1 h

1 Bata o cream cheese com o açúcar. Junte o chocolate picado e misture bem. Corte as bananas em fatias e regue-as com o suco do limão.

2 Umedeça as folhas de papel de arroz e enxugue-as com um pano limpo. Recheie com o creme de chocolate, fatias de banana e um pouco de caramelo cremoso. Enrole a folha sobre o recheio, dobre as extremidades e acabe de enrolar. Leve à geladeira por, pelo menos, 1 hora.

Papel de arroz para rolinho primavera
10 folhas

Bananas
2

Chocolate amargo
100 g

Cream cheese
200 g

Açúcar
20 g

... e também um pouco de

Limão (algumas gotas)

Caramelo cremoso (receita na p. 392)

Cremes, musses e sobremesas

ROLINHO PRIMAVERA
de frutas com calda de chocolate

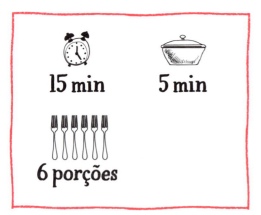

15 min   5 min

6 porções

Papel de arroz para rolinho primavera
12 folhas

Morango
250 g

1 Corte os morangos e o melão em cubinhos. Misture-os com o manjericão e o suco do limão. Descasque os kiwis e corte-os em fatias finas.

2 Aqueça o creme de leite e despeje-o sobre o chocolate picado numa tigela. Misture bem até obter uma calda cremosa.

3 Umedeça as folhas de papel de arroz e seque-as com um pano limpo. Recheie com as frutas preparadas e 3 fatias de kiwi. Enrole a folha sobre o recheio, dobre as extremidades e acabe de enrolar. Sirva os rolinhos com a calda de chocolate.

Melão
¼

Kiwi
4

Chocolate amargo
100 g

... e também um pouco de

Suco de limão-siciliano (50 ml)

Creme de leite fresco (100 ml)

Manjericão picado (1 colher de sopa)

Cremes, musses e sobremesas   252

TROUXINHA DE MANGA
com calda de chocolate amargo

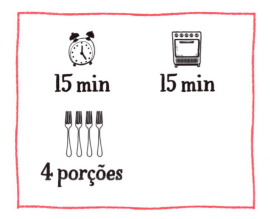
15 min | 15 min
4 porções

Manga
1

Massa filo
4 folhas

1 Corte a manga em cubos pequenos. Coloque um pouco de manga em cada folha de massa e polvilhe com a baunilha. Enrole a folha sobre o recheio, dobrando as extremidades. Pincele-as com leite e disponha-as numa assadeira forrada com papel-manteiga. Leve ao forno preaquecido (180 °C) por 15 minutos.

2 Derreta o chocolate em banho-maria com 4 colheres (sopa) de água. Sirva as trouxinhas quentes ou mornas, cobertas com calda de chocolate quente.

Baunilha em pó
½ colher (chá)

Leite
2 colheres (sopa)

Chocolate amargo
8 quadrados

Cremes, musses e sobremesas

SORBET RÁPIDO
de framboesa e manjericão

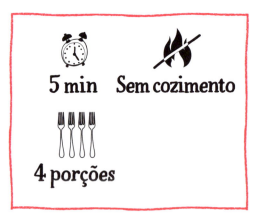

5 min — Sem cozimento

4 porções

1 Bata no liquidificador as framboesas congeladas com o manjericão (reserve algumas folhas para decorar), o xarope de bordo, o xarope de açúcar e 5 colheres (sopa) de água fria. Despeje a mistura numa fôrma de sorvete e leve ao congelador até o momento de servir.

2 Sirva decorado com as framboesas frescas e folhinhas de manjericão.

💡 *Para fazer o xarope de açúcar, misture 1 xícara de açúcar e 1 xícara de água e leve ao fogo baixo até ferver e dissolver o açúcar, mexendo sem parar. Espere esfriar antes de usar.*

Framboesa congelada
300 g

Framboesa fresca
80 g

Manjericão
4 ramos

Xarope de bordo
20 ml

Xarope de açúcar
60 ml

Sobremesas geladas 256

SORBET DE MORANGO
com suspiro

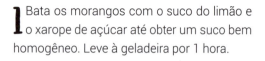

Morango
550 g

Suspiros
100 g (receita na p. 158)

Limão-siciliano
1

Xarope de açúcar
300 ml

1 Bata os morangos com o suco do limão e o xarope de açúcar até obter um suco bem homogêneo. Leve à geladeira por 1 hora.

2 Coloque a mistura numa sorveteira e acione-a por 30 minutos. Quando o sorvete começar a ficar consistente, triture os suspiros, adicione-os à sorveteira e bata por mais 2 minutos.

3 Sirva em seguida ou conserve no congelador num recipiente bem fechado.

Para fazer o xarope de açúcar, misture 1 xícara de açúcar e 1 xícara de água e leve ao fogo baixo até ferver e dissolver o açúcar, mexendo sem parar. Espere esfriar antes de usar.

SORVETE DE LIMÃO

15 min — Sem cozimento
6 porções — Congelamento 4 h 30

1 Coloque uma tigela de metal no congelador por 30 minutos, bem como os iogurtes e o creme de leite.

2 Raspe a casca dos limões em espessura fina e esprema-os. Na tigela gelada, bata por 5 minutos os iogurtes, o creme de leite e os açúcares. Incorpore as raspas e o suco dos limões. Leve ao congelador por 2 horas.

3 Assim que o sorvete começar a endurecer, bata-o e coloque-o de volta no congelador por aproximadamente 2 horas, até que esteja bem consistente.

Limão-siciliano
2

Iogurte de leite fermentado natural
6

Creme de leite fresco
200 ml

Açúcar
200 g

Açúcar de baunilha
8 g

Sobremesas geladas 260

SORBET
de frozen margarita

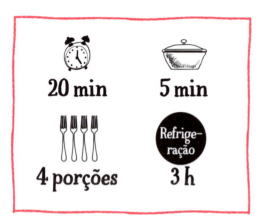

20 min · 5 min · 4 porções · Refrigeração 3 h

Limão
3

Açúcar
200 g

Tequila
200 ml

1 Retire a casca de 1 limão em tiras compridas e bem finas e com o mínimo da parte branca possível. Esprema o suco dos 3 limões. Ferva 500 ml de água com o açúcar por 5 minutos.

2 Fora do fogo, junte o suco de limão e a tequila. Misture bem e leve à geladeira por, pelo menos, 3 horas.

3 Coloque o sorbet na sorveteira e bata até obter a consistência desejada. Disponha-o num recipiente bem fechado e leve ao congelador por 12 horas. Decore com as raspas de limão e sirva.

SORVETE DE BAUNILHA
com flocos de chocolate

20 min — Sem cozimento
6 porções — Congelamento 6 h

Ovos
4

Açúcar
120 g

1 Separe as claras das gemas. Bata as gemas com o açúcar até que a mistura fique homogênea. Bata as claras em neve firme com uma pitada de sal.

2 Bata o creme de leite em ponto de chantili e, no final, acrescente as sementes de baunilha. Incorpore delicadamente a mistura de ovos e açúcar e depois as claras em neve.

3 Forre 6 taças individuais com filme de PVC. Encha as taças até a metade com o sorvete, salpique com o chocolate ralado grosseiramente e cubra com o restante do sorvete. Leve ao congelador por 6 horas. Na hora de servir, torre as amêndoas e coloque-as nas taças.

💡 *Se quiser variar a receita, substitua o chocolate amargo por frutas secas ou frutas vermelhas.*

Creme de leite fresco
400 ml (bem gelado)

Fava de baunilha
1

Chocolate amargo
120 g

Amêndoas laminadas
50 g

SORVETE DE IOGURTE

20 min · 5 min · 6 porções · Refrigeração 4 h · Sorveteira 25 min

Ovos
3

Açúcar
200 g

1 Bata os ovos com o açúcar até que a mistura fique homogênea.

2 Aqueça o creme de leite e despeje-o sobre os ovos, batendo bem. Leve ao fogo baixo até a preparação aderir ao dorso de uma colher. Mantenha na geladeira por aproximadamente 4 horas.

3 Incorpore o iogurte à massa e bata-a na sorveteira por 20 a 25 minutos, até ficar consistente.

💡 *Se quiser, sirva este sorvete com morangos. Corte as frutas em pedaços e regue-os com algumas gotas de vinagre balsâmico. Deixe de molho por 5 minutos e sirva com uma bola do sorvete de iogurte.*

Creme de leite fresco
250 ml

Iogurte
500 g

SORVETE DE IOGURTE
e melão

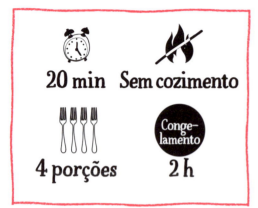

20 min · Sem cozimento · 4 porções · Congelamento 2 h

1 Corte a polpa do melão em pedaços. Coloque o melão picado no congelador por, pelo menos, 2 horas e os iogurtes por aproximadamente 30 minutos antes de iniciar o preparo.

2 Torre as amêndoas numa frigideira (opcional).

3 Retire os iogurtes gelados das embalagens, coloque-os numa tigela e bata-os no liquidificador juntamente com o açúcar, o suco do limão e o melão. Distribua os sorvetes nas tacinhas, salpique com as amêndoas e sirva em seguida.

Melão cantaloupe
400 g

Iogurte grego
4

Amêndoas laminadas
3 colheres (sopa)

Açúcar de confeiteiro
60 g

Limão-siciliano
1

Sobremesas geladas 268

SORVETE DE BANANA
e abacaxi caramelizado

- 30 min
- 5 min
- 6 porções
- Refrigeração 5 h
- Sorveteira 25 min

Banana
4

Abacaxi
1

1 Corte a polpa do abacaxi em pequenos cubos. Aqueça o açúcar mascavo numa panela até obter um caramelo marrom. Junte o abacaxi e deixe no fogo até o suco do cozimento do abacaxi evaporar completamente.

2 Bata no liquidificador as bananas, o leite e o açúcar. Coe a mistura e incorpore o creme de leite. Leve à geladeira por 5 horas.

3 Coloque essa mistura na sorveteira e bata por 20 a 25 minutos. Cerca de 5 minutos antes de terminar, junte o abacaxi caramelizado.

Açúcar mascavo
200 g

Leite integral
750 ml

Açúcar
120 g

Creme de leite
3 colheres (sopa)

Sobremesas geladas   270

SORVETE CREMOSO
de abacaxi e coco

- 20 min
- Sem cozimento
- 4 porções
- Descanso 12 h
- Sorveteira 30 min
- Congelamento 3 h

1 Na véspera, coloque o abacaxi desidratado de molho no leite de coco e reserve-o na geladeira.

2 No dia do preparo, corte o abacaxi fresco em pedaços e bata-o no liquidificador com o suco do limão e as sementes de baunilha até a mistura ficar bem homogênea. Coloque-a na sorveteira e bata por 30 minutos.

3 Depois de pronto, leve o sorvete ao congelador por 3 horas.

Abacaxi desidratado
150 g

Leite de coco
400 ml

Abacaxi fresco
200 g

Fava de baunilha
1

Limão-siciliano
1

SORVETE
de marshmallow

Marshmallow
20

Leite
300 ml

1 Aqueça o leite, o creme de leite e os marshmallows numa panela pequena até que os marshmallows derretam (reserve alguns para decorar no final).

2 Coloque a mistura no congelador por 6 horas, mexendo com uma colher a cada 30 minutos para evitar a cristalização.

Creme de leite fresco
100 ml

Sobremesas geladas

PICOLÉ
de suco de frutas

5 min — Sem cozimento
4 porções — Congelamento 8 h

Suco de abacaxi
1,2 litro

Suco de uva
1,2 litro

Suco de maçã
1,2 litro

1 Despeje o suco de abacaxi no fundo de 4 forminhas de picolé. Leve ao congelador por 2 horas.

2 Abra as forminhas, adicione o suco de uva e leve de volta ao congelador por mais 2 horas. Complete os recipientes com o suco de maçã até 2 mm da borda. Tampe-os novamente e coloque no congelador por, pelo menos, 4 horas.

3 Para desenformar, passe as forminhas rapidamente em água quente.

Sobremesas geladas

RASPADINHA
de limão

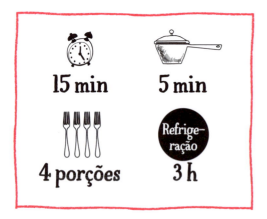

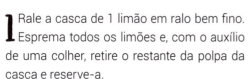

Limão-siciliano
3

Açúcar
100 g

1 Rale a casca de 1 limão em ralo bem fino. Esprema todos os limões e, com o auxílio de uma colher, retire o restante da polpa da casca e reserve-a.

2 Derreta o açúcar em 800 ml de água e junte as raspas, o suco e as polpas dos limões. Misture bem e leve ao congelador.

3 Depois de 1h30, retire a preparação do congelador e raspe-a com um garfo para formar os cristais. Recoloque no congelador até que a raspadinha esteja bem consistente.

Você pode substituir o limão-siciliano pelo limão-galego ou taiti. Se quiser, regue a raspadinha com um pouquinho de vodca.

RASPADINHA
de manga e folhas de limão-kaffir

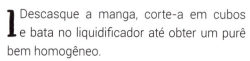

10 min — 10 min
6 porções — Refrigeração 3 h

Manga
1

Folhas de limão-kaffir
4

Açúcar mascavo
400 g

1 Descasque a manga, corte-a em cubos e bata no liquidificador até obter um purê bem homogêneo.

2 Aqueça 200 ml de água com o açúcar mascavo até ele dissolver bem. Deixe ferver por 5 minutos, retire do fogo e junte as folhas de limão-kaffir cortadas em tiras finas.

3 Coe a calda e misture-a com a manga. Leve ao congelador por 3 horas, raspando a superfície com um garfo a cada 30 minutos para formar os cristais. Sirva bem gelado, em copos ou taças.

PÊSSEGO
Melba

30 min   **15 min**   **4 porções**

1 Bata as framboesas no liquidificador até formar um purê.

2 Mergulhe os pêssegos em água fervente por 30 segundos e descasque-os. Ferva 500 ml de água com o açúcar e as sementes de baunilha por 5 minutos. Adicione os pêssegos à panela e cozinhe em fogo baixo por 7 ou 8 minutos, mexendo. Escorra-os, corte-os ao meio e retire o caroço.

3 Coloque o sorvete nas taças. Disponha os pêssegos por cima do sorvete e cubra com o purê de framboesa.

💡 Você pode variar esta receita substituindo os pêssegos por peras e seguindo o mesmo procedimento.

Pêssego fresco
4

Framboesa fresca
150 g

Açúcar
250 g

Fava de baunilha
1

Sorvete de baunilha
750 ml (receita na p. 264)

Sobremesas geladas

SORVETE DE PERA
e baunilha

15 min | 1 min
4 porções | Congelamento 1 h

1 Misture o purê de pera com a pasta de amêndoa e o xarope de bordo.

2 Ferva por alguns segundos o leite vegetal com as sementes de baunilha, o amido de milho e o ágar-ágar. Incorpore essa preparação à anterior.

3 Disponha o creme em 4 ramequins individuais e leve ao congelador por, pelo menos, 1 hora.

💡 Para fazer o purê de pera, cozinhe 2 colheres (sopa) de manteiga e junte 3 colheres (sopa) de açúcar até obter um caramelo claro. Coloque 3 peras sem casca em cubos e cozinhe por 5 minutos. Tampe e cozinhe por mais 10 minutos ou até que as peras fiquem macias. Retire do fogo e bata ligeiramente no liquidificador com 3 colheres (sopa) de licor de pera. Deixe esfriar.

Purê de pera
250 g

Pasta de amêndoa
50 g

Xarope de bordo
80 g

Leite vegetal
200 ml

Fava de baunilha
1

... e também um pouco de

Amido de milho (20 g)

Ágar-ágar (1 colher de chá)

Sobremesas geladas 284

CHARLOTE
gelada de limão

30 min — 10 min — 4 porções — Congelamento 6 h

Limão-siciliano
3

Açúcar
175 g + 2 colheres (sopa)

1 Em uma panela, coloque as raspas e o suco dos limões, 100 ml de água e 175 g de açúcar e leve ao fogo baixo por 10 minutos até obter uma calda espessa.

2 Bata o creme de leite em ponto de chantili bem firme. Bata as claras em neve e acrescente a calda já fria, continuando a bater por 5 ou 6 minutos. Incorpore o chantili.

3 Misture o Limoncello e o açúcar restante e embeba os biscoitos nessa calda. Forre uma fôrma de charlote com filme de PVC e disponha ¾ dos biscoitos em pé nas laterais da fôrma. Coloque no centro metade do creme de limão. Cubra esse creme com uma camada de biscoitos, junte o restante do creme e termine com os biscoitos que sobraram. Leve ao congelador por 6 horas. Desenforme e sirva.

Creme de leite fresco
250 ml (bem gelado)

Claras
3

Limoncello
100 ml

Biscoito champanhe
20

Sobremesas geladas 286

SUFLÊ GELADO
de morango

25 min — **5 min** — **6 porções** — **Congelamento 12 h**

1 Corte os morangos em pedaços e misture-os com 30 g de açúcar. Ferva numa panela 200 ml de água com 70 g de açúcar.

2 Bata as gemas, incorporando aos poucos a calda fervente. Fora do fogo, bata a mistura até ficar bem espumante. Misture delicadamente os morangos e seu suco.

3 Bata o creme de leite em ponto de chantili, depois, incorpore-o à mistura anterior. Disponha esse creme numa fôrma de suflê forrada com papel-manteiga ou em 6 forminhas individuais. Leve ao congelador por 12 horas. Na hora de servir, polvilhe a sobremesa com o cacau em pó.

Morango
250 g

Açúcar
100 g

Gemas
6

Creme de leite fresco
250 ml (bem gelado)

Cacau em pó
1 colher (sopa)

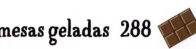

Sobremesas geladas   288

PARFAIT
de pistache

30 min — **5 min**
6 porções — **Congelamento 4 h**

1 Aqueça 80 ml de água com o açúcar até a temperatura atingir 120 °C.

2 Misture as gemas com a pasta de pistache. Adicione a calda fervente e bata até a mistura esfriar.

3 Bata o creme de leite até dobrar de volume e incorpore-o à preparação anterior. Junte os pistaches picados.

4 Disponha o creme em 6 forminhas redondas individuais e leve ao congelador por 4 horas. No momento de servir, passe as forminhas rapidamente em água quente para desenformar os parfaits. Decore com lascas de pistache.

Pistache cru sem casca
40 g (picado)

Açúcar
125 g

Gemas
6

Pasta de pistache
80 g

Creme de leite fresco
400 ml (bem gelado)

Sobremesas geladas

SEMIFREDDO
de frutas vermelhas

20 min — Sem cozimento
6 porções — Congelamento **6 h**

1 Separe as claras das gemas. Bata o creme de leite em ponto de chantili. Bata as gemas com 30 g de açúcar até a mistura ficar homogênea. Incorpore a ela delicadamente o chantili. Bata as claras em neve, adicionando aos poucos o restante do açúcar, e incorpore com cuidado à mistura anterior. Junte as frutas inteiras delicadamente para que elas não fiquem machucadas.

2 Distribua metade da mistura em 6 forminhas individuais forradas com filme de PVC. Regue com parte do purê de framboesa e acrescente o restante do creme. Cubra com filme de PVC e leve ao congelador por 5 ou 6 horas.

3 Desenforme 15 minutos antes de servir, banhando com o purê.

Frutas vermelhas
250 g

Creme de leite fresco
200 ml (bem gelado)

Ovos
4

Açúcar
120 g

Purê de framboesa
(receita na p. 282, passo 1)

SEMIFREDDO
tutti frutti

35 min — 4 min
6 porções — Congelamento 6 h

1 Bata no liquidificador o melão em pedaços com 1 colher (chá) do suco do limão e, em outro recipiente, as cerejas, sem caroço, com o restante do suco do limão. Reserve esses sucos separados na geladeira.

2 Separe as claras das gemas. Bata as gemas com o açúcar. Coloque em banho-maria por 4 minutos, mexendo sempre, até a mistura aderir ao batedor. Fora do fogo, continue a bater até ela esfriar completamente.

3 Bata as claras em neve. Bata o creme de leite em ponto de chantili. Incorpore ambos delicadamente às gemas batidas. Divida essa preparação em duas partes e incorpore cada um dos sucos reservados a uma metade da preparação. Forre uma fôrma de bolo inglês com filme de PVC, disponha o creme de cereja na fôrma e, depois, complete com o creme de melão. Cubra a fôrma com filme de PVC e leve ao congelador por 5 a 6 horas. Desenforme 15 minutos antes de servir e decore com frutas.

Melão
1

Suco de limão
2 colheres (chá)

Cereja fresca
300 g

Ovos
4

Açúcar
90 g

Creme de leite fresco
200 ml (bem gelado)

Sobremesas geladas   294

SEMIFREDDO
de café e pistache

20 min — 10 min
6 porções — Congelamento 5 h

Ovos
4

Açúcar
120 g + 1 colher (sopa)

1 Separe as claras das gemas. Bata as gemas com o açúcar. Incorpore o café preparado e aqueça em fogo baixo, mexendo sempre, até a mistura aderir à colher.

2 Em uma frigideira antiaderente sem óleo, torre os pistaches por 2 minutos. Polvilhe-os com 1 colher (sopa) de açúcar e caramelize-os por 1 minuto no fogo.

3 Bata o creme de leite em ponto de chantili. Bata as claras em neve. Incorpore o chantili e, depois, a clara batida ao creme de café já frio. Junte os pistaches.

4 Disponha esse creme numa fôrma forrada com filme de PVC. Cubra a superfície com mais filme e leve ao congelador por 5 horas. Desenforme 15 minutos antes de servir e decore com os grãos de café cobertos com chocolate.

Café coado forte
80 ml

Pistache cru sem casca (picado)
80 g

Creme de leite fresco
200 ml (bem gelado)

Grãos de café cobertos com chocolate
Um punhado

Sobremesas geladas 296

VACHERIN
de capim-limão e damasco

- 20 min
- 5 min
- 4 porções
- Infusão 30 min
- Refrigeração 2 h
- Sorveteira 25 min

1 Aqueça o creme de leite com o capim-limão. Deixe em infusão por 30 minutos. Coe e bata-o com o iogurte e o açúcar. Leve a mistura à geladeira por 2 horas, depois, coloque-a na sorveteira por 25 minutos, até ficar consistente.

2 Triture os suspiros e distribua-os no fundo de 4 potes individuais. Junte os damascos em pedaços e complete com o sorvete. Salpique com lascas de suspiro e sirva imediatamente.

💡 *Se não encontrar damascos frescos, substitua por pêssegos, nêsperas ou nectarinas.*

Capim-limão
4 ramos

Damasco fresco
10

Suspiro
8 (receita na p. 158)

Creme de leite fresco
300 ml

Iogurte grego
300 g

Açúcar de confeiteiro
100 g

Sobremesas geladas 298

CANELÉ GELADO
de cereja e praliné

15 min | **2 min** | **6 porções** | **Congelamento 6 h**

1 Coloque o sorvete na geladeira por 10 minutos. Descongele as cerejas por 2 minutos no forno de micro-ondas, pique-as e escorra-as.

2 Disponha no fundo de 6 forminhas individuais caneladas uma camada de sorvete, comprima-a bem, junte 1 colher (chá) de cereja e termine de enchê-la com o restante do sorvete. Leve ao congelador por 6 horas.

3 Na hora de servir, disponha um pouco de praliné no prato de servir, coloque o sorvete desenformado sobre ele e decore com uma avelã.

Para as crianças, substitua o sorvete de passas ao rum por um de creme ou de morango e decore com uma fruta à sua escolha.

Sorvete de passas ao rum
300 ml

Cereja fresca congelada
290 g

Praliné de amêndoas triturado
2 colheres (sopa)

Avelã
18

Sobremesas geladas 300

ALASCA
de chocolate e baunilha

1 h — Sem cozimento
4 porções — Congelamento 1 h

Sorvete de chocolate
250 g

Sorvete de baunilha
150 g (receita na p. 264)

1 Espalhe o sorvete de chocolate nas laterais de 4 forminhas individuais ovais, deixando uma cavidade de 2 cm no centro. Leve ao congelador por 1 hora.

2 Trabalhe o sorvete de baunilha para amaciá-lo. Adicione o praliné e misture bem. Coloque esse sorvete nas cavidades deixadas nas fôrmas. Alise a superfície e leve de volta ao congelador por mais 1 hora.

3 Bata as claras em neve com o açúcar. Passe as fôrmas rapidamente em água quente e desenforme-as. Cubra a sobremesa com o merengue e doure com um maçarico.

Praliné de amêndoas triturado
50 g

Claras
4

Açúcar
110 g

Sobremesas geladas 302

BOLO MERENGUE
com chocolate e avelã

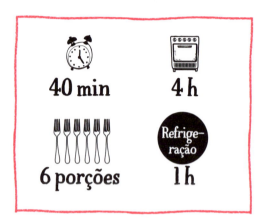

40 min — 4 h
6 porções — Refrigeração 1 h

1 Bata as claras com o açúcar em banho-maria até formar um merengue brilhante. Fora do fogo, continue a bater até esfriar completamente.

2 Com um saco de confeitar, desenhe em espiral 2 discos grandes de merengue do mesmo tamanho sobre uma assadeira forrada com papel-manteiga. Salpique com as avelãs picadas e torradas, reserve um pouco de avelã para decorar, e leve ao forno preaquecido (100 °C) por 4 horas.

3 Derreta o chocolate com o creme de leite em banho-maria e alise-o bem. Coloque na geladeira por 1 hora. Bata o creme de leite em ponto de chantili, até ficar bem cremoso e leve. Espalhe-o sobre um merengue e cubra-o com o segundo merengue, como um sanduíche. Salpique com as avelãs reservadas e com o confeito de cereal e sirva.

Chocolate amargo
300 g

Avelã
100 g

Claras
5

Açúcar
250 g

Creme de leite fresco
150 ml

Cereal de arroz sabor chocolate
2 colheres (sopa)

MARAVILHA DE PRALINÉ
e chocolate branco

35 min | **1 h** | **4 porções**

Pasta praliné
2 colheres (sopa)

Chocolate branco
150 g (em lascas finas)

Claras
3

Açúcar
120 g

Creme de leite fresco
200 ml (bem gelado)

... e também um pouco de
Açúcar de confeiteiro (80 g)
Mascarpone (50 g)
Praliné de amêndoas triturado (50 g)

1 Bata as claras delicadamente até encorparem e junte o açúcar aos poucos, para obter um merengue liso e brilhante. Incorpore o açúcar de confeiteiro suavemente.

2 Com um saco de confeitar, desenhe em espiral 8 discos de merengue de 8 cm sobre uma assadeira forrada com papel-manteiga. Leve ao forno preaquecido (110 °C) por 1 hora.

3 Misture o mascarpone com a pasta praliné. Bata o creme de leite em ponto de chantili e incorpore 4 colheres (sopa) dele à mistura anterior. Disponha esse recheio sobre 4 merengues frios e cubra-os com os merengues restantes, formando sanduíches. Espalhe o chantili restante por cima dos sanduíches e decore com o chocolate branco e o praliné triturado.

Para fazer a pasta praliné, bata o praliné de amêndoas no processador até virar uma pasta.

Sobremesas de festa 306

BOLO FLORESTA NEGRA

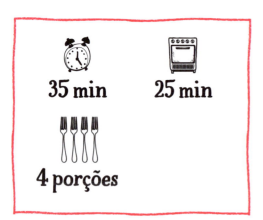

35 min   25 min

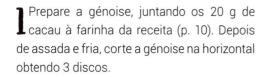

4 porções

1 Prepare a génoise, juntando os 20 g de cacau à farinha da receita (p. 10). Depois de assada e fria, corte a génoise na horizontal obtendo 3 discos.

2 Bata o creme de leite com o mascarpone em ponto de chantili. Junte o açúcar e bata novamente. Incorpore o kirsch.

3 Espalhe ⅓ do chantili sobre um disco de génoise, cubra com metade das cerejas sem caroço, disponha o segundo disco sobre ele e repita a operação finalizando com o terceiro disco. Cubra o bolo com o restante do chantili e decore com as lascas de chocolate.

Génoise
1 (receita na p. 10)

Cereja fresca
250 g

Creme de leite fresco
400 ml (bem gelado)

Mascarpone
2 colheres (sopa)

Açúcar
50 g

... e também um pouco de
Cacau em pó (20 g)
Kirsch (um pouquinho)
Lascas finas de chocolate ao leite (50 g)

Sobremesas de festa   308

BANOFFEE
rápida

25 min   Sem cozimento

4 porções

1 Triture os biscoitos e junte a manteiga. Disponha essa massa no fundo de 4 forminhas individuais de aro removível e pressione-a bem até ficar com 1,5 cm de espessura.

2 Corte as bananas em fatias e regue-as com o suco do limão. Coloque-as nas fôrmas e cubra-as com uma camada de doce de leite de 1 cm.

3 Derreta o chocolate em banho-maria. Depois de frio, despeje-o sobre o recheio em camada bem fina.

4 Bata o creme de leite em ponto de chantili, incorporando o açúcar durante o processo. Retire os aros das fôrmas e decore as tortinhas com o chantili.

💡 *A banoffee pie é uma torta à base de banana, doce de leite e chantili. Seu nome é uma combinação das palavras "banana" e "toffee", que são os dois ingredientes principais. O toffee é um tipo de doce de leite mais consistente. Há também variações que levam café e chocolate.*

Biscoito bretão
200 g (receita na p. 166)

Banana
2

Doce de leite
300 g

Chocolate amargo
150 g

Creme de leite fresco
200 ml (bem gelado)

... e também um pouco de

Manteiga com sal derretida (50 g)

Limão (algumas gotas)

Açúcar de confeiteiro (20 g)

Sobremesas de festa

NAKED CAKE
com framboesas

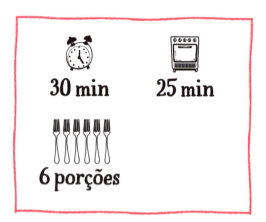

30 min — 25 min — 6 porções

1 Depois de fria, corte a génoise na horizontal, obtendo 2 discos.

2 Bata a manteiga com o açúcar de confeiteiro até a mistura ficar bem cremosa. Espalhe essa preparação sobre um disco de génoise. Cubra com uma camada de geleia e metade das framboesas frescas. Então, disponha o segundo disco sobre esse recheio.

3 Espalhe um pouco de geleia sobre o bolo, o restante das framboesas e polvilhe com açúcar de confeiteiro.

Génoise
1 (receita na p. 10)

Manteiga
125 g (em temperatura ambiente)

Açúcar de confeiteiro
50 g

Geleia de framboesa
1 pote

Framboesa fresca
500 g

Sobremesas de festa

PAVÊ
de ameixa-preta

30 min — Sem cozimento
6 porções — Molho 2 h
Refrigeração 6 h

Ameixa-preta
300 g

Chá preto Earl Grey
250 ml

Conhaque
30 ml

Biscoito champanhe
20

Creme de confeiteiro
150 g (receita na p. 116)

1 Deixe as ameixas de molho por 2 horas num recipiente com o chá e o conhaque.

2 Escorra-as e reserve o líquido num prato fundo. Embeba nele ¼ dos biscoitos e disponha-os no fundo de uma fôrma de bolo. Adicione ⅓ do creme de confeiteiro e ⅓ das ameixas. Repita essas operações duas vezes e termine com uma camada de biscoitos.

3 Cubra a superfície com filme de PVC e leve à geladeira por 6 horas. Desenforme e sirva.

💡 *Esta receita também fica ótima se for feita com damascos secos e licor do tipo Amaretto.*

Sobremesas de festa

MIL-FOLHAS DE PRALINÉ
com biscoito crêpe dentelle

20 min • 5 min • 6 porções • Refrigeração 2 h

1 Coloque a folha de gelatina de molho em bastante água gelada por 10 minutos. Aqueça o creme de leite, junte a folha de gelatina bem escorrida e mexa bem.

2 Derreta o chocolate e despeje o creme de leite quente sobre ele. Deixe descansar por 3 minutos. Misture bem e leve à geladeira por 2 horas.

3 Bata esse creme até ponto de chantili e coloque-o num saco de confeitar com bico. Faça uma fileira de pontos de creme sobre um biscoito. Coloque outro biscoito por cima desses pontos. Coloque outra camada de creme sobre esse biscoito e finalize com mais um biscoito. Repita o procedimento até os biscoitos terminarem. Polvilhe a sobremesa com o açúcar de confeiteiro e o praliné.

💡 Se não encontrar o biscoito crêpe dentelle, substitua por biscoitos língua de gato comprados prontos ou faça em casa (receita na p. 162).

Chocolate praliné
180 g

Biscoito crêpe dentelle
1 pacote

Gelatina incolor sem sabor
1 folha

Creme de leite fresco
120 g

Açúcar de confeiteiro
2 colheres (sopa)

Praliné de amêndoas triturado
2 colheres (sopa)

MIL-FOLHAS DE MIRTILO
e creme de violeta

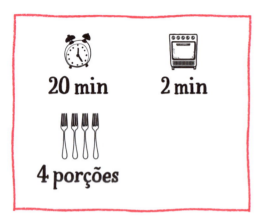

20 min — 2 min — 4 porções

1 Bata o creme de leite em ponto de chantili. Incorpore o açúcar aos poucos, batendo sempre. Junte o xarope de violeta, misture delicadamente e leve à geladeira.

2 Corte cada folha de massa fillo em 6 discos de 8 cm. Unte-os com manteiga e disponha-os numa assadeira forrada com papel-manteiga. Coloque outra assadeira por cima desses discos de modo que ela faça peso sobre eles e leve ao forno preaquecido (200 °C) por 2 minutos.

3 Monte cada doce mil-folhas sobrepondo os seguintes ingredientes: 2 discos de massa, uma camada de chantili feita com saco de confeitar, alguns mirtilos, mais 2 discos de massa, chantili e mirtilos. Termine com 2 discos de massa. Polvilhe com açúcar de confeiteiro e sirva.

Mirtilo
300 g

Creme de leite fresco
500 ml (bem gelado)

Açúcar de confeiteiro
25 g

Xarope de violeta
3 colheres (sopa)

Massa filo
4 folhas

Manteiga
50 g (derretida)

CESTINHA
de framboesa

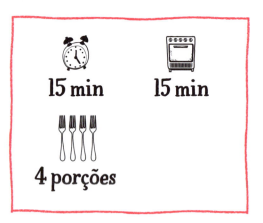

15 min · 15 min · 4 porções

1 Corte cada folha de massa em 2 quadrados de 15 cm x 15 cm. Unte com manteiga os quadrados e 4 forminhas de muffin. Sobreponha os quadrados 3 a 3 e forre as forminhas delicadamente com eles.

2 Distribua as framboesas nas forminhas. Adicione 1 colher (chá) de geleia de rosa e salpique com os pistaches.

3 Leve ao forno preaquecido (180 °C) por 15 minutos. Desenforme e sirva em seguida.

💡 *A geleia de pétalas de rosa é comercializada em lojas de produtos gourmet. Se não a encontrar, substitua-a por outra à sua escolha.*

Framboesa fresca
180 g

Massa filo
6 folhas

Manteiga
30 g (derretida)

Geleia de pétalas de rosa
4 colheres (chá)

Pistache triturado
1 colher (sopa)

Sobremesas de festa   320

BOLO MÁGICO
de cacau

15 min · 55 min · 6 porções · Descanso 12 h 10

1 Derreta a manteiga com o leite. Separe as claras das gemas. Bata as gemas com o açúcar até a mistura ficar cremosa. Incorpore a ela a farinha e o cacau peneirados e, depois, pouco a pouco, o leite e a manteiga mornos.

2 Bata as claras em neve firme. Incorpore um pouco dela à preparação, misture e junte o restante, mexendo delicadamente por 10 segundos.

3 Disponha a massa numa fôrma redonda de aro removível forrada com papel-manteiga. Deixe descansar por 10 minutos e leve ao forno preaquecido (155 °C) por 55 minutos. Deixe o bolo descansar por, pelo menos, uma noite ou 12 horas antes de desenformá-lo.

💡 *O nome deste doce é "bolo mágico" porque ele é feito com poucos ingredientes misturados em uma única massa que, depois de pronta, apresenta diferentes texturas.*

Cacau em pó
30 g

Manteiga
115 g

Leite
500 ml (integral e gelado)

Ovos
4

Açúcar
140 g

Farinha de trigo
90 g

Sobremesas de festa

TORTA MÁGICA
de limão

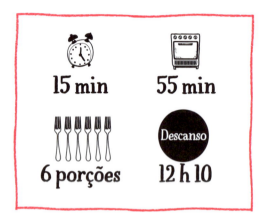

15 min — 55 min
6 porções — Descanso 12 h 10

1 Derreta a manteiga com o leite numa panela. Separe as claras das gemas. Bata as gemas com o leite condensado, a raspa da casca e o suco dos limões até que a mistura fique espumante. Incorpore a farinha peneirada e, depois, pouco a pouco, a mistura de leite e manteiga morna.

2 Bata as claras em neve firme. Incorpore um pouco desse merengue à preparação anterior e, então, adicione o restante, mexendo delicadamente por 10 segundos.

3 Disponha a massa numa fôrma de aro removível forrada com papel-manteiga. Deixe descansar por 10 minutos e leve ao forno preaquecido (155 °C) por 55 minutos. Antes de desenformar, deixe descansar, obrigatoriamente, por uma noite ou 12 horas.

O nome deste doce é "torta mágica" porque ele é feito com poucos ingredientes misturados em uma única massa que, depois de pronta, apresenta diferentes texturas.

Limão
2

Manteiga
115 g

Leite integral
500 ml

Ovos
4

Leite condensado
240 g

Farinha de trigo
110 g

Sobremesas de festa 324

BOLO MÁGICO
de creme de avelã com cacau

15 min | 55 min
6 porções | Descanso 12 h 10

1 Derreta a manteiga com o leite numa panela. Separe as claras das gemas. Bata as gemas com o açúcar e o creme de avelã até a mistura ficar homogênea. Incorpore a farinha peneirada e, pouco a pouco, a mistura de leite e a manteiga morna.

2 Bata as claras em neve firme e junte o coco. Incorpore um pouco desse merengue à preparação anterior e, depois, adicione o restante, mexendo delicadamente por 10 segundos.

3 Disponha a massa numa fôrma redonda de aro removível forrada com papel-manteiga. Deixe descansar por 10 minutos e leve ao forno preaquecido (155 °C) por 55 minutos. Antes de desenformar, deixe descansar, obrigatoriamente, por uma noite ou 12 horas.

💡 O nome deste doce é "bolo mágico" porque ele é feito com poucos ingredientes misturados em uma única massa que, depois de pronta, apresenta diferentes texturas.

Creme de avelã com cacau
120 g

Manteiga
100 g

Leite integral
500 ml

Ovos
4

Farinha de trigo
110 g

... e também um pouco de
Açúcar (80 g)
Coco ralado (60 g)

ROCAMBOLE
com geleia

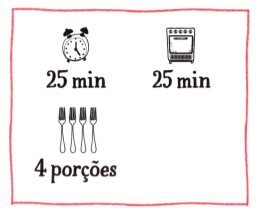

25 min · 25 min · 4 porções

1. Bata as claras com o suco do limão, primeiro suavemente, depois bem rápido. No meio do processo, incorpore metade do açúcar.

2. Adicione a essa preparação, em três levas, os ingredientes secos peneirados com o restante do açúcar. Com um movimento ágil do batedor, levante a massa e deixe-a cair. Coloque delicadamente a massa numa fôrma forrada com papel-manteiga.

3. Leve ao forno preaquecido (160 °C), na parte de baixo, por 20 a 25 minutos. Assim que o pão de ló estiver assado, retire-o do forno, desenforme-o sobre um pano de prato limpo, remova o papel-manteiga e, em seguida, enrole-o com a ajuda do pano. Depois de frio, desenrole o bolo, cubra-o com a geleia de sua preferência e enrole-o novamente.

Claras
6 (em temperatura ambiente)

Suco de limão
1 colher (chá)

Farinha de trigo
90 g

Açúcar
150 g

Baunilha em pó
1 colher (chá)

Geleia
100 g

Sobremesas de festa

MARQUISE
de chocolate

30 min — 5 min
6 porções — Refrigeração 12 h

1 Derreta em banho-maria o chocolate e a manteiga cortada em pedaços. Em uma tigela, bata o açúcar com os ovos inteiros e as gemas até a mistura ficar espumante. Junte a preparação de chocolate e metade do cacau em pó, mexendo bem.

2 Bata o creme de leite em ponto de chantili. Incorpore-o delicadamente à mistura anterior.

3 Forre com os biscoitos o fundo e as laterais de uma fôrma de charlote. Despeje o creme e leve à geladeira por, pelo menos, 12 horas. Desenforme cuidadosamente e polvilhe com o restante do cacau peneirado. Sirva gelado.

Chocolate amargo
250 g

Manteiga
250 g

Açúcar
120 g

Ovos
3 inteiros + 6 gemas

Biscoito champanhe
25

... e também um pouco de

Cacau em pó (4 colheres de sopa)

Creme de leite fresco bem gelado (300 ml)

Sobremesas de festa

CHARLOTE
de morango

1 Coloque as folhas de gelatina de molho em uma tigela com bastante água gelada por 10 minutos. Bata no liquidificador os morangos com o suco do limão e coe. Aqueça um pouco desse purê com o açúcar e coloque a gelatina bem escorrida para derreter. Despeje essa mistura no restante do purê de morango.

2 Bata o creme de leite em ponto de chantili e incorpore-o delicadamente à preparação anterior.

3 Dilua o xarope em 2 colheres (sopa) de água. Molhe a base dos biscoitos nessa calda e forre com eles o fundo e as bordas de uma fôrma de charlote. Disponha nela metade da musse de morango, uma camada de biscoitos e o restante da musse. Cubra com filme de PVC e leve à geladeira por, pelo menos, 4 horas.

Morango
1 kg

Gelatina incolor sem sabor
6 folhas

Limão-siciliano
½

Creme de leite fresco
500 ml (bem gelado)

Biscoito champanhe
30

... e também um pouco de
Açúcar (50 g)
Xarope de morango
(2 colheres de sopa)

Sobremesas de festa

CHARLOTE DE PERA
caramelizada

40 min — **20 min**
6 porções — **Refrigeração 6 h**

1 Descasque as peras, retire o miolo e corte-as em quatro. Aqueça-as com a manteiga na frigideira por 8 a 10 minutos. Junte o açúcar e o mel. Mexa bem, deixe as peras caramelizarem e junte 50 ml de água. Mantenha por mais 10 minutos em fogo baixo, retire e espere esfriar.

2 Misture o licor de pera com 50 ml de água. Embeba ¾ dos biscoitos nessa calda e disponha-os nas laterais de uma fôrma de charlote forrada com papel-manteiga.

3 Coloque metade das peras caramelizadas na fôrma, mais um pouco de biscoitos embebidos e o restante das peras, terminando com biscoitos. Leve à geladeira por 6 horas, desenforme com cuidado e polvilhe com açúcar.

Pera
6

Manteiga
60 g

Açúcar
100 g

Mel
2 colheres (sopa)

Licor de pera
2 colheres (sopa)

Biscoito champanhe
20

Sobremesas de festa

TAÇA DE FRUTAS
com creme

35 min — 5 min — 6 porções

1 Em uma panela, ferva 300 ml de água com o suco do limão e o açúcar por 5 minutos. Corte as frutas e a génoise em cubos. Misture a geleia com um pouco de água morna para que ela fique meio líquida.

2 Em um copo ou taça grande de vidro, disponha metade da génoise e regue-a com metade da calda de limão. Adicione metade das frutas e o creme de confeiteiro. Coloque outra camada de bolo e o restante das frutas. Termine com a geleia.

3 Bata o creme de leite em ponto de chantili, decore as sobremesas com ele e sirva.

Se quiser, substitua o suco de limão por 1 colher (sopa) de água de flor de laranjeira, água de rosas ou outro aroma à sua escolha.

Frutas tropicais
700 g

Açúcar
75 g

Geleia de frutas vermelhas
150 g

Creme de confeiteiro
100 g (receita na p. 116)

Creme de leite fresco
150 ml (bem gelado)

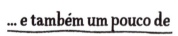

... e também um pouco de
Limão (1)
Génoise feita na véspera (¼ da receita da p. 10)

Sobremesas de festa

MASSA
choux

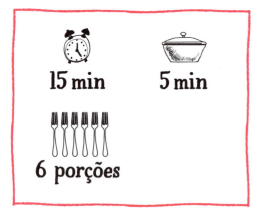

15 min · 5 min · 6 porções

1 Em uma panela, ferva o leite com 100 ml de água, o sal, o açúcar e a manteiga. Retire do fogo, adicione a farinha peneirada, mexendo vigorosamente até a massa ficar lisa e homogênea.

2 Volte a massa ao fogo baixo, mexendo bem até que ela se descole totalmente das laterais da panela.

3 Fora do fogo novamente, incorpore os ovos um a um, misturando bem a cada adição. Pegue um pouco da massa em uma colher e vire-a sobre uma superfície lisa. Se a massa cair formando uma fita, está pronta.

Leite
150 ml

Açúcar
1 colher (sopa)

Manteiga
100 g

Farinha de trigo
135 g

Ovos
4

... e também um pouco de
Sal (½ colher de chá)

Sobremesas de festa   338

SAMANTA

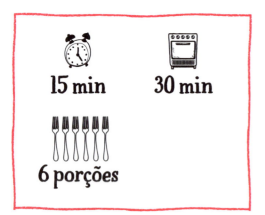
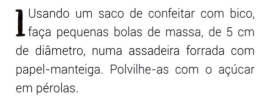

15 min
30 min
6 porções

Massa choux
500 g (receita na p. 338)

Açúcar em pérolas

1 Usando um saco de confeitar com bico, faça pequenas bolas de massa, de 5 cm de diâmetro, numa assadeira forrada com papel-manteiga. Polvilhe-as com o açúcar em pérolas.

2 Leve ao forno preaquecido (180 °C) por 30 minutos. No meio do cozimento, abra o forno por alguns segundos para liberar o vapor acumulado. Deixe esfriar antes de degustar.

PROFITEROLE
de amêndoa e chocolate

30 min — **35 min** — **4 porções**

1 Com um saco de confeitar com bico, forme 12 bolinhas de massa, de 5 cm de diâmetro, numa assadeira forrada com papel-manteiga. Deixe espaço suficiente entre elas, pois crescerão durante o cozimento. Leve ao forno preaquecido (190 °C) por 35 minutos.

2 Em uma panela em banho-maria, derreta o chocolate e junte o creme de leite, mexendo bem. Torre as amêndoas. Quando os profiteroles estiverem assados e frios, corte a ponta de cada um. Recheie-os com sorvete de baunilha e regue-os com o chocolate quente. Por fim, salpique-os com as amêndoas e sirva.

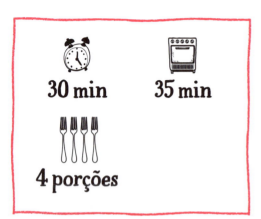

Massa choux
250 g (receita na p. 338)

Chocolate amargo
100 g

Creme de leite fresco
100 ml

Sorvete de baunilha
1 litro (receita na p. 264)

Amêndoas laminadas
50 g

Sobremesas de festa

BOMBA DE CARAMELO
cremoso

- 45 min
- 30 min
- 4 porções
- Refrigeração 1 h

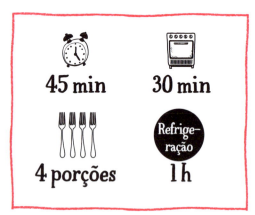

Massa choux
250 g (receita na p. 338)

Caramelo cremoso
100 g (receita na p. 392)

1 Com um saco de confeitar com bico, faça pequenos cilindros de massa numa assadeira forrada com papel-manteiga. Leve ao forno preaquecido (190 °C) por 25 a 30 minutos.

2 Bata os ovos com o açúcar até a mistura ficar homogênea. Incorpore o amido de milho e, depois, o leite. Deixe engrossar por 3 minutos em fogo médio, mexendo sempre. Adicione metade do caramelo e leve à geladeira por 30 minutos.

3 Bata o creme de leite em ponto de chantili e incorpore-o delicadamente à preparação anterior. Leve à geladeira por 30 minutos.

4 Faça uma cavidade na extremidade de cada bomba e, com o auxílio de um saco de confeitar, recheie-as com o chantili. Cubra-as com o caramelo restante, aquecido.

💡 *As bombas devem ficar bem assadas e douradas, senão podem murchar enquanto esfriam.*

Ovos
1 inteiro + 1 gema

Açúcar
190 g

Creme de leite fresco
100 ml (bem gelado)

... e também um pouco de
Amido de milho (30 g)
Leite fervente (300 ml)

Sobremesas de festa

CAROLINA
com chantili

30 min | 40 min
6 porções

1 Com um saco de confeitar com bico, forme 12 bolinhas de massa, de 5 cm de diâmetro, numa assadeira forrada com papel-manteiga, deixando espaço entre elas. Pincele-as com a gema diluída em um pouco de água. Leve ao forno preaquecido (190 °C) por 35 a 40 minutos.

2 Bata o creme de leite em ponto de chantili e adicione o mascarpone, o açúcar e as sementes de baunilha, misturando com cuidado. Depois que as carolinas esfriarem, corte-as pela metade, mas não separe as duas partes, e, com o auxílio de um saco de confeitar, recheie-as generosamente com a mistura de chantili. Polvilhe-as com açúcar de confeiteiro e sirva.

Massa choux
500 g (receita na p. 338)

Gema
1

Creme de leite fresco
250 ml (bem gelado)

Mascarpone
2 colheres (sopa)

Açúcar de confeiteiro
3 colheres (sopa)

Fava de baunilha
2

BOMBA DE CHANTILI
com framboesa

30 min | 30 min | 4 porções

1 Com um saco de confeitar com bico, faça 8 pequenos cilindros de massa numa assadeira forrada com papel-manteiga. Pincele-os com a gema diluída em um pouco de água e leve ao forno preaquecido (190 °C) por 30 minutos.

2 Bata o creme de leite em ponto de chantili e adicione o mascarpone, o açúcar e as sementes de baunilha, misturando com cuidado.

3 Depois que as bombas esfriarem, corte-as ao meio no sentido do comprimento e recheie-as generosamente com o chantili. Disponha algumas framboesas sobre o creme e polvilhe com açúcar de confeiteiro.

Massa choux
300 g (receita na p. 338)

Framboesa fresca
250 g

Creme de leite fresco
250 ml (bem gelado)

Mascarpone
2 colheres (sopa)

Fava de baunilha
1

... e também um pouco de

Gema (1)

Açúcar de confeiteiro
(3 colheres de sopa)

Sobremesas de festa 348

TORTA DE REIS
com creme de amêndoa

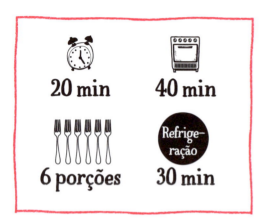

20 min | 40 min
6 porções | Refrigeração 30 min

Massa folhada
2

Manteiga
80 g (em temperatura ambiente)

1 Em uma tigela, bata a manteiga com o açúcar, 1 ovo e a farinha de amêndoa até formar um creme.

2 Abra uma folha de massa numa assadeira forrada com papel-manteiga. Pincele-a com 1 ovo batido. Espalhe o creme de amêndoa sobre a massa e coloque uma fava seca e uma prenda a alguns centímetros da borda (ver nota abaixo). Cubra com a outra folha de massa e pressione bem as bordas. Faça linhas decorativas na superfície sem romper a massa. Deixe descansar na geladeira por 30 minutos.

3 Pincele com o restante do ovo batido e leve ao forno preaquecido (200 °C) por 40 minutos.

Açúcar de confeiteiro
80 g

Ovos
2

💡 Servir esta torta no Dia de Reis é costume em vários países. Em geral, a torta contém duas prendas: uma fava seca e um pequeno brinde de louça. Pela tradição, quem receber o pedaço com a fava dentro deve preparar a torta do ano seguinte; já quem ganhar o brinde terá muita sorte no ano que se inicia.

Farinha de amêndoa
80 g

SALAME DE CHOCOLATE
e castanha portuguesa

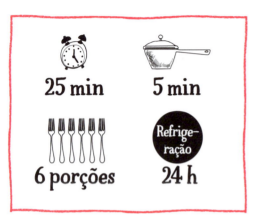

25 min | 5 min
6 porções | Refrigeração 24 h

Chocolate amargo
125 g

Manteiga
125 g

Castanha portuguesa cozida e glaceada
100 g (cortados em pedaços)

Marrom-glacê
500g

Açúcar de confeiteiro
2 colheres (sopa)

1 Derreta o chocolate com a manteiga em banho-maria. Bata bem e, fora do fogo, incorpore a castanha e o marrom-glacê com uma espátula.

2 Disponha essa massa sobre 2 retângulos de filme de PVC sobrepostos. Faça um cilindro com ela, deixando bem firme. Enrole esse cilindro em mais cinco ou seis voltas de filme. Prenda bem as extremidades. Leve à geladeira por 24 horas.

3 Desembrulhe o bolo e risque a superfície com um garfo. Na hora de servir, polvilhe com açúcar de confeiteiro.

💡 *O marrom-glacê é um purê doce feito com castanhas portuguesas. Se não encontrar, substitua por doce de leite ou faça a sua versão caseira: cozinhe 1 kg de castanhas portuguesas até ficarem macias. Descasque, amasse e misture 500 ml de leite, batendo até incorporar. Junte 300 g de açúcar, 100 g de manteiga em cubos e uma pitada de sal e misture bem, até ficar homogêneo. Você pode aromatizar a massa com conhaque, licor de laranja ou uma mistura dos dois.*

ROCAMBOLE
de cacau e cumaru

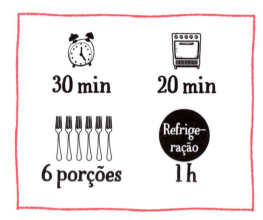

30 min | 20 min
6 porções | Refrigeração 1 h

Cacau em pó
50 g

Ovos
5

1 Separe as claras das gemas. Bata as claras em neve firme. Adicione 140 g de açúcar e bata até obter um merengue liso e brilhante. Incorpore as gemas batidas e o cacau peneirado. Misture delicadamente. Abra a massa numa assadeira forrada com papel-manteiga e leve ao forno preaquecido (200 °C) por 20 minutos.

2 Desenforme o pão de ló sobre um pano úmido, retire o papel-manteiga e deixe esfriar.

3 Bata o creme de leite em ponto de chantili, incorpore o restante do açúcar e um pouco da semente de cumaru ralada. Cubra o pão de ló com o chantili e enrole-o. Leve à geladeira por 1 hora. Polvilhe com açúcar de confeiteiro e sirva.

Açúcar
170 g

Creme de leite fresco
300 ml (bem gelado)

Cumaru
1 semente

Açúcar de confeiteiro
2 colheres (sopa)

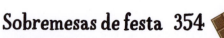

TANGERINA
gelada

30 min — **Sem cozimento**
6 porções — **Congelamento 3 h 30**

Tangerina
12

Açúcar
80 g

Clara
1

1 Corte uma tampa na extremidade de 6 tangerinas e retire os gomos para que elas fiquem completamente vazias, com cuidado para não rasgar a casca. Reserve os gomos. Coloque as cascas e as tampas no congelador. Esprema essa polpa retirada das frutas em uma peneira. Esprema as tangerinas restantes até obter 800 ml de suco.

2 Dissolva o açúcar em 80 ml de água quente. Incorpore-o ao suco e leve ao congelador por 3 horas em um recipiente de plástico.

3 Corte esse sorvete em cubinhos e bata-o, adicionando aos poucos 2/3 da clara. Recheie as cascas de tangerina com essa mistura e leve-as ao congelador por 30 minutos.

Se quiser variar, use limões, laranjas ou grapefruits em vez de tangerinas.

Sobremesas de festa

TRUFA
de chocolate

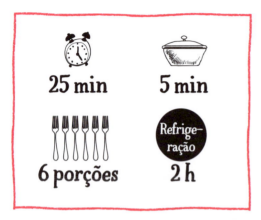

25 min — 5 min
6 porções — Refrigeração 2 h

1 Derreta o chocolate em banho-maria. Fora do fogo, incorpore sucessivamente, sem parar de bater, as gemas, a manteiga cortada em cubos e os açúcares. Leve à geladeira por 2 horas.

2 Faça bolinhas com a massa e envolva-as no cacau.

💡 As trufas podem ser conservadas por aproximadamente 10 dias na geladeira num recipiente bem fechado.

Chocolate amargo
250 g

Gemas
2

Manteiga com sal
125 g

Açúcar de baunilha
8 g

Açúcar de confeiteiro
125 g

Cacau em pó
50 g

Sobremesas de festa   358

BISCOITO DE NATAL
com especiarias

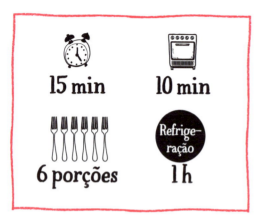

1 Em uma tigela, misture a farinha com o mix de especiarias, o açúcar e uma pitada de sal. Incorpore a manteiga cortada em cubos, amasse com a ponta dos dedos formando uma farofa. Junte o ovo e trabalhe a massa até ela ficar homogênea. Envolva-a em filme de PVC e leve à geladeira por 1 hora.

2 Abra a massa e, com um cortador, recorte os biscoitos. Disponha-os numa assadeira forrada com papel-manteiga e leve ao forno preaquecido (160 °C) por 10 minutos.

3 Abra a pasta americana e recorte-a no formato de sua escolha. Disponha-a sobre os biscoitos. Molhe levemente a pasta para ela aderir aos biscoitos.

💡 Trata-se da mistura de quatro tipos de especiarias, todas em pó: pimenta-do-reino (ou pimenta-do-reino branca ou pimenta-da-jamaica), cravo-da-índia, noz-moscada e gengibre (ou canela).

Farinha de trigo
250 g

Mix de quatro especiarias
1 colher (chá), ver dica

Açúcar demerara
100 g

Manteiga
125 g (em temperatura ambiente)

Ovo
1

Pasta americana
100 g

Sobremesas de festa 360

BRIOCHE
trançado

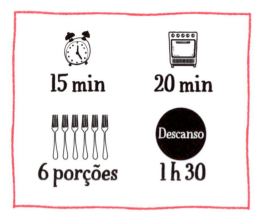

15 min — 20 min
6 porções — Descanso 1 h 30

1 Dissolva o fermento no leite morno com 45 ml de água. Em uma tigela, misture a farinha com o açúcar, ½ colher (chá) de sal, o ovo e o fermento. Junte o creme de leite, sove a massa por 5 minutos e deixe-a descansar em lugar aquecido até dobrar de volume.

2 Corte a massa em 3 e faça 3 rolos compridos. Trance-os e disponha-os numa assadeira. Pincele-os com leite e mantenha-os em lugar aquecido por 30 minutos para crescerem.

3 Polvilhe o brioche com açúcar cristal e leve ao forno preaquecido (165 °C) por 20 minutos.

💡 *Se não encontrar o crème fraîche, prepare uma versão caseira, misturando 1 xícara de creme de leite fresco, 1 colher (sopa) de suco de limão e 2 colheres (sopa) de iogurte. Deixe descansar por 1 dia em local abrigado.*

Leite
45 ml + 1 colher (sopa)

Farinha de trigo
250 g

Açúcar
30 g

Ovo
1

Creme fraîche
30 g, ver dica

... e também um pouco de
Fermento biológico seco (10 g)
Açúcar cristal (5 g)

A hora do lanche

CREPE DE CHOCOLATE
com creme de avelã

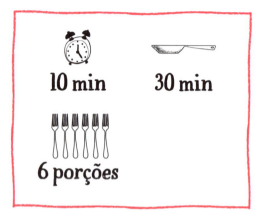

10 min   30 min

6 porções

Leite
150 ml

Chocolate amargo
30 g

1 Em uma panela, aqueça 50 ml de leite com o chocolate. Retire do fogo e junte a pasta de avelã. Misture bem e reserve.

2 Em uma tigela, misture a farinha com 50 ml de água e 100 ml de leite. Acrescente o ovo batido. Unte com manteiga uma frigideira antiaderente para panqueca e prepare os crepes: despeje uma concha pequena da massa sobre a frigideira, quando a massa estiver firme, vire-a para que doure do outro lado. Os crepes devem ser bem finos.

3 Sirva os crepes quentes, com o creme de chocolate e avelã.

💡 *Se quiser, acrescente 1 colher (sopa) de cacau em pó à massa dos crepes, para que fiquem como os da foto.*

Pasta de avelã pura
30 g

Farinha de trigo
50 g

Ovo
1

Manteiga
10 g

A hora do lanche   364

CREPE DE MAÇÃ
com calda de caramelo

30 min — **25 min** — **4 porções**

1 Coloque as maçãs descascadas e cortadas em cubos, numa frigideira com 30 g de manteiga. Polvilhe-as com o açúcar. Deixe caramelizar por 5 ou 6 minutos e regue com a bebida. Mantenha em fogo alto por mais 2 minutos, mexendo sempre.

2 Espalhe as maçãs sobre os crepes e enrole-os.

3 No momento de servir, derreta 20 g de manteiga numa frigideira. Disponha os crepes e aqueça-os por 4 ou 5 minutos. Regue-os com o caramelo e sirva.

💡 Originário da região da Baixa Normandia, na França, o Calvados é uma aguardente à base de maçã. Depois de fermentado e destilado, extrai-se a sidra. Se não encontrar, substitua por uma sidra de boa qualidade.

Maçã
4

Caramelo cremoso
(receita na p. 392)

Manteiga
50 g

Açúcar
40 g

Calvados
30 ml, ver dica

Crepes
8 (receita na p. 364)

A hora do lanche

WAFFLE CLÁSSICO
de limão e açúcar

15 min   15 min

4 porções

1 Bata o açúcar com os ovos, depois, junte a manteiga, o suco do limão e as raspas de sua casca, a farinha e o fermento. Então, incorpore a cerveja e 100 ml de água, batendo bem.

2 Despeje uma concha pequena da massa numa chapa de waffle bem quente e untada com manteiga. Deixe por aproximadamente 2 minutos. Repita o procedimento até terminar a massa.

3 Polvilhe com açúcar de confeiteiro e sirva com uma cobertura de seu agrado.

Açúcar
30 g

Ovos
2

Manteiga
70 g (derretida)

Limão-siciliano
½

Farinha de trigo
250 g

... e também um pouco de

Fermento químico em pó
(1 colher de chá)

Cerveja (300 ml, em temperatura ambiente)

Açúcar de confeiteiro
(8 colheres de sopa)

RABANADA

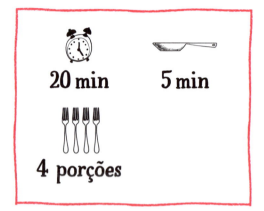

20 min | 5 min
4 porções

1 Ferva o leite com 80 g de açúcar e as sementes de baunilha. Retire do fogo e deixe em infusão.

2 Corte o brioche em fatias grossas. Bata os ovos com 20 g de açúcar. Mergulhe rapidamente as fatias no leite já frio e, depois, nos ovos batidos.

3 Unte uma frigideira com a manteiga e toste as fatias de brioche dos dois lados, até ficarem bem douradas. Escorra-as num prato forrado com papel absorvente, polvilhe-as com açúcar de confeiteiro e salpique com amêndoas.

Leite
500 ml

Açúcar
100 g

Brioche trançado
250 g (receita na p. 362)

Ovos
2

Manteiga
100 g

... e também um pouco de
Fava de baunilha (½)
Açúcar de confeiteiro (4 colheres de sopa)
Amêndoas laminadas tostadas (2 colheres de sopa)

A hora do lanche 370

PÃO ENROLADO
de banana e caramelo

25 min | 20 min | 4 porções | Descanso 3 h 30

Banana
3

Caramelo cremoso
200 g (receita na p. 392)

Fermento biológico fresco
20 g

Farinha de trigo
500 g

1 Dilua o fermento em 120 ml de água morna e 2 colheres (sopa) de farinha. Deixe descansar por 30 minutos, até formar uma esponja.

2 Em outro recipiente, misture o restante da farinha, 10 g de sal e, depois, o fermento em esponja. Junte, aos poucos, 120 ml de água e trabalhe a massa por 10 minutos. Cubra e deixe crescer em lugar aquecido por 3 horas.

3 Abra a massa em retângulo. Distribua nela o caramelo e as bananas em fatias e enrole a massa como um rocambole. Coloque o rocambole em uma assadeira forrada com papel-manteiga. Corte-o em fatias regulares, mas não separe as fatias, deixando-as alinhadas sobre a assadeira, depois, desloque uma fatia da outra, de modo simétrico, formando um ziguezague. Leve ao forno preaquecido (230 °C) por 20 minutos. Polvilhe com açúcar de confeiteiro, se quiser, e sirva.

BAGUETE RECHEADA
com creme de avelã com cacau

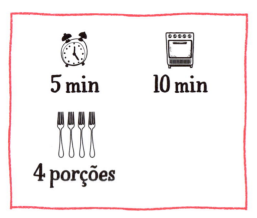

5 min 10 min

4 porções

Baguete
1

Creme de avelã
com cacau
150 g

1 Recorte a parte de cima da baguete de modo a formar um barquinho.

2 Coloque o creme de avelã com cacau no micro-ondas por 30 segundos. Espalhe-o no côncavo aberto na baguete e salpique com amêndoas.

3 Leve ao forno preaquecido (180 °C) por 10 minutos. Corte a baguete em fatias de aproximadamente 3 cm e sirva quente.

Amêndoas
laminadas
2 colheres (sopa)

A hora do lanche

CHURROS

15 min · 15 min · 4 porções

1 Em uma panela, ferva o leite com a manteiga, o açúcar e uma pitada de sal. Retire do fogo e junte a farinha de uma vez só. Mexa bem até a massa desgrudar das laterais da panela.

2 Recoloque-a no fogo baixo por mais 3 minutos, sem parar de mexer. Fora do fogo, adicione os ovos um a um, misturando a cada adição.

3 Aqueça o óleo. Usando um saco de confeitar com bico, mergulhe um fio de massa no óleo. Quando estiver dourado, retire-o com uma escumadeira e escorra em papel absorvente. Repita o procedimento até terminar a massa. Salpique os churros com açúcar de confeiteiro e sirva quente.

Leite integral
130 ml

Manteiga
50 g

Açúcar
10 g

Farinha de trigo
75 g

Ovos
2

... e também um pouco de
Óleo para fritar (2 litros)
Açúcar de confeiteiro
(4 colheres de sopa)

A hora do lanche

CRUMBLE
de pera

20 min | 25 min

4 porções

1 Descasque as peras, retire o miolo e corte-as em cubos. Disponha-as em 4 rameuins individuais.

2 Quebre grosseiramente os flocos de milho e misture com o açúcar e a farinha de amêndoa. Coloque essa preparação sobre as peras.

3 Leve ao forno preaquecido (180 °C) por 25 minutos. Sirva morno.

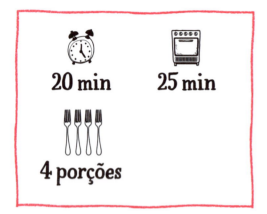

Pera
4

Flocos de milho
40 g

Açúcar
20 g

Farinha de amêndoa
20 g

MAÇÃ
assada

20 min **40 min**

6 porções

1 Faça pequenos cortes na base das maçãs, para que fiquem aprumadas. Recorte uma tampa na superfície de cada uma e retire o miolo.

2 Amasse a manteiga com o açúcar mascavo e recheie o interior das maçãs com essa mistura. Disponha-as em uma fôrma untada, recoloque as tampinhas e ponha 2 colheres (sopa) de água no fundo da fôrma. Leve ao forno preaquecido (200 °C) por 40 minutos.

3 Ao retirar as maçãs do forno, decore-as com 1 colher (sopa) de geleia em cada uma e algumas lâminas de amêndoa.

Maçã fuji
6

Manteiga
60 g (em temperatura ambiente)

Açúcar mascavo
60 g

Geleia de groselha
6 colheres (sopa)

Amêndoas laminadas
50 g

A hora do lanche

TROUXINHA
de maçã e uvas-passas

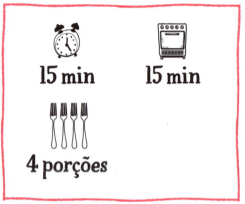

15 min   15 min

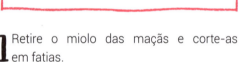

4 porções

Maçã gala
4

Massa filo
4 folhas

1 Retire o miolo das maçãs e corte-as em fatias.

2 Coloque as folhas de massa numa assadeira forrada com papel-manteiga. Distribua as maçãs no centro das folhas. Junte as uvas-passas e polvilhe com canela e baunilha.

3 Levante as pontas das folhas de massa de modo a formar trouxinhas e amarre-as delicadamente com um barbante. Leve ao forno preaquecido (210 °C) por 15 minutos.

Uvas-passas
30 g

Canela em pó
1 colher (chá)

Baunilha em pó
½ colher (chá)

A hora do lanche   382

PAPILLOTE
tropical com baunilha

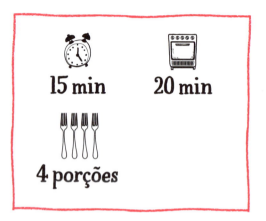

15 min · 20 min

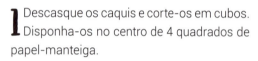

4 porções

Caqui chocolate
4

Maracujá
4

Baunilha em pó
½ colher (chá)

1 Descasque os caquis e corte-os em cubos. Disponha-os no centro de 4 quadrados de papel-manteiga.

2 Corte os maracujás ao meio. Retire a polpa e coloque-a sobre os caquis. Polvilhe as frutas com baunilha e amarre os papillotes (pacotinhos) cuidadosamente com um barbante. Disponha-os numa travessa refratária e leve ao forno preaquecido (210 °C) por 20 minutos.

3 Abra os papillotes e sirva as frutas ainda mornas. Ficam muito bem acompanhadas de sorvete.

FALSO
ovo frito

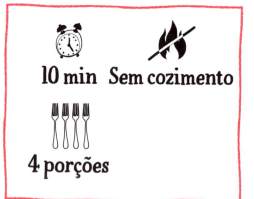

10 min Sem cozimento

4 porções

1 Bata a ricota com o creme de leite, 120 ml de água, o açúcar e a baunilha.

2 Disponha a preparação em tigelas de sobremesa e coloque uma metade de pêssego virada com a abertura para baixo, bem escorrido, por cima do creme, para dar a ideia de um ovo frito. Leve à geladeira até o momento de servir.

💡 *Se quiser usar pêssegos frescos, deixe-os de molho, antes, no chá de sua preferência.*

Pêssego em calda
4

Ricota
360 g

Creme de leite em lata
200 ml

Açúcar
20 g

Baunilha em pó
½ colher (chá)

CAROLINA CROCANTE
com amendoim confeitado

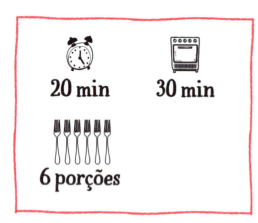

20 min • 30 min

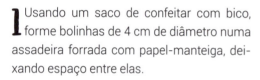

6 porções

Massa choux
500 g (receita na p. 338)

Amendoim confeitado colorido
½ pacote (25 g)

1 Usando um saco de confeitar com bico, forme bolinhas de 4 cm de diâmetro numa assadeira forrada com papel-manteiga, deixando espaço entre elas.

2 Triture grosseiramente os confeitos e salpique as carolinas com eles.

3 Leve ao forno preaquecido (190 °C) por 30 minutos, tendo o cuidado de abrir e fechar a porta do forno no meio do cozimento para liberar o vapor acumulado.

FONDUE DE CHOCOLATE
com frutas frescas

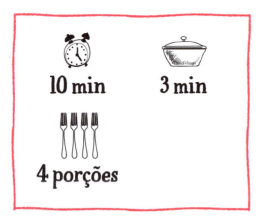

10 min · 3 min · 4 porções

Chocolate ao leite
150 g

Creme de leite fresco
100 ml

1 Em uma tigela, derreta o chocolate e o creme de leite no micro-ondas por 2 ou 3 minutos, mexendo a cada 30 segundos, até a mistura ficar cremosa.

2 Descasque as frutas, retire o miolo e as sementes e corte-as em cubos grandes. Sirva-as com o fondue de chocolate, que deve ser mantido quente, no centro da mesa, sobre um réchaud.

Frutas da estação

A hora do lanche   390

CARAMELO
cremoso

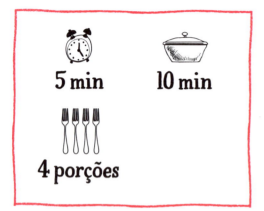

5 min 10 min

4 porções

Açúcar
100 g

Manteiga com sal
60 g

Creme de leite fresco
100 ml

1 Em uma panela, aqueça o açúcar em 2 colheres (sopa) de água, sem mexer, até ele formar uma calda com uma bela cor dourada.

2 Fora do fogo, junte a manteiga em cubos e misture até a mistura ficar homogênea. Recoloque a panela em fogo baixo e incorpore o creme de leite, mexendo bem.

3 Despeje o caramelo numa tigela. Deixe-o esfriar em temperatura ambiente, quando ganhará consistência.

CREME
de morango

15 min • 5 min • 4 porções • Refrigeração 2 h

1 Bata os morangos com o xarope de agave.

2 Em uma panela, aqueça o leite de arroz com a araruta e o ágar-ágar. Despeje essa mistura imediatamente sobre o purê de morango e bata. Disponha o creme num recipiente bem fechado e leve à geladeira por, no mínimo, 2 horas.

Morango bem maduro
200 g

Xarope de agave
50 g

Leite de arroz
400 ml

Araruta
1 colher (chá)

Ágar-ágar
½ colher (chá)

A hora do lanche

COMPOTA DE MAÇÃ
com framboesa e merengue

25 min   20 min   4 porções

Maçã fuji
6

Anis-estrelado
2 unidades

1 Descasque as maçãs e corte-as em pedaços. Coloque-os numa panela com o açúcar mascavo, o anis-estrelado, as sementes e a fava da baunilha. Adicione um pouco de água, tampe e cozinhe por 20 minutos.

2 Disponha essa compota no fundo de 4 potes de vidro individuais (retire o anis-estrelado e a fava de baunilha). Distribua as framboesas por cima e leve à geladeira.

3 Bata as claras em neve firme e incorpore o açúcar. Coloque esse merengue nos potes e doure a superfície com um maçarico culinário.

Fava de baunilha
1

Framboesa fresca
250 g

Açúcar
100 g

... e também um pouco de
Açúcar mascavo (50 g)
Claras (2)

A hora do lanche   396

CREME
de limão

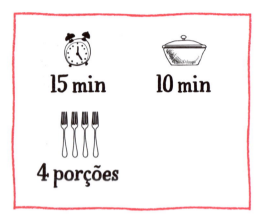

15 min — 10 min — 4 porções

1 Retire a casca dos limões, mas não a descarte, e esprema-os.

2 Bata os ovos com o açúcar e a manteiga cortada em cubos. Dissolva o amido de milho em 1 colher (sopa) do suco dos limões e coloque tudo numa panela, acrescentando a casca e o restante do suco dos limões.

3 Leve ao fogo baixo, sem parar de mexer. Quando a mistura estiver bem cremosa, passe-a por uma peneira e guarde num pote de vidro bem fechado.

Este creme de limão pode ser conservado por 15 dias na geladeira.

Limão-siciliano
2

Ovos
2

Açúcar
100 g

Manteiga
50 g (em temperatura ambiente)

Amido de milho
1 colher (chá)

A hora do lanche

LIMONADA
à moda antiga

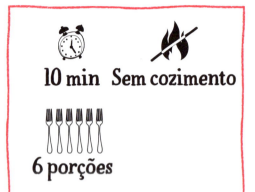

10 min — Sem cozimento

6 porções

Limão-siciliano
6

Açúcar de confeiteiro
80 g

1 Esprema os limões. Reserve as cascas. Misture o suco com o açúcar de confeiteiro até ele dissolver bem.

2 Bata no liquidificador por alguns segundos a água com gás, o suco de limão doce e as cascas reservadas. Coe tudo e ponha numa garrafa. Sirva com cubos de gelo.

Água com gás
2 litros (bem fresca)

LARANJADA
clássica

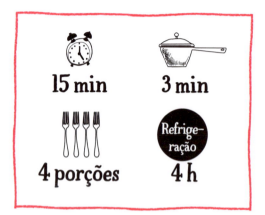

Laranja-pera
6

Açúcar
120 g

1 Em uma panela, ferva 300 ml de água com o açúcar por 3 minutos até obter uma calda rala. Deixe esfriar.

2 Esprema as laranjas e coe o suco. Misture-o com a calda, mexa e ponha a laranjada numa garrafa ou jarra de vidro.

3 Leve à geladeira por, pelo menos, 4 horas. Sirva com cubos de gelo.

Se quiser, acrescente um pouco de água com gás no momento de servir.

SMOOTHIE DE BANANA
e maracujá com leite de arroz

5 min — Sem cozimento
6 porções

1 Bata no liquidificador as bananas em pedaços, a polpa dos maracujás, a chia, o gengibre e metade do leite de arroz.

2 Após alguns segundos, adicione o leite de arroz restante, bata e leve à geladeira. Antes de servir, bata novamente. Sirva bem gelado.

Banana
2

Maracujá
2

Chia
1 colher (sopa)

Gengibre em pó
Uma pitada

Leite de arroz
400 ml

A hora do lanche

MILK-SHAKE DE BANANA
e creme de avelã com cacau

5 min — **Sem cozimento** — **6 porções**

Banana
2

Leite
400 ml (bem gelado)

Creme de avelã com cacau
3 colheres (sopa)

Açúcar
1 colher (sopa)

1 Descasque as bananas e corte-as em fatias. Bata-as no liquidificador com o leite, o creme de avelã, o açúcar e alguns cubos de gelo, durante 1 minuto, até a mistura ficar cremosa e espumante.

2 Coloque o milk-shake em 2 copos e sirva em seguida.

💡 *Se desejar, substitua os cubos de gelo por 2 bolas de sorvete de baunilha.*

A hora do lanche 406

MILK-SHAKE DE COOKIES
e baunilha

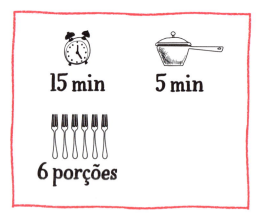

15 min   5 min

6 porções

Chocolate amargo
120 g

Sorvete de baunilha
15 bolas (receita na p. 264)

1 Derreta o chocolate com 1 ou 2 colheres (chá) de água. Mergulhe nele a borda de 6 copos de vidro.

2 No liquidificador, bata o sorvete de baunilha com 6 cookies triturados e o leite até a mistura adquirir consistência homogênea e espumante. Despeje nos copos besuntados de chocolate.

3 Decore os milk-shakes com os cookies restantes e sirva.

Cookie de chocolate
18 (receita na p. 164)

Leite
1,5 litro

A hora do lanche   408

ÍNDICE POR INGREDIENTE

Abacaxi
Bolo de abacaxi...52
Flã de abacaxi e coco.............................. 200
Sopa fria de frutas tropicais
    com amêndoas.................................... 240
Sorvete cremoso de abacaxi e coco......272
Sorvete de banana e abacaxi
    caramelizado....................................270
Torta de abacaxi e coco 80

Açúcar cristal
Brioche trançado...362
Samanta..340

Açúcar de baunilha
Bolo brevidade..34
Bolo pudim de ameixa-preta.....................42
Canelé de groselha.....................................128
Crumble de ameixa vermelha e biscoito
de amêndoa..54
Língua de gato..162
Macaron de amêndoa.................................160
Pavê de pêssego com chantili 230
Sorvete de limão 260
Trufa de chocolate 358

Açúcar demerara
Biscoito diamante......................................180

Açúcar mascavo
Biscoito de Natal com especiarias....... 360
Bolo de iogurte 12
Compota de maçã com framboesa
    e merengue 396
Crème brûlée...186
Maçã assada 380
Musse de coco e limão...............................214
Pizza doce de nectarina
    e manjericão....................................120
Raspadinha de manga e folhas
    de limão-kaffir............................... 280
Sopa fria de pêssego com sorvete
    de iogurte 234
Sorvete de banana e abacaxi
    caramelizado....................................270
Torta amanteigada 66
Torta de abacaxi e coco 80
Torta de cereja..38
Tortinha de manteiga de amendoim......112
Tortinha de mirtilo e baunilha 98
Tortinha de noz-pecã................................104

Ágar-ágar
Creme de morango.................................. 394
Flã de cacau...192

Flã de chocolate e coco.........................202
Sorvete de pera e baunilha 284

Água com gás
Limonada à moda antiga 400

Água de flor de laranjeira
Amanteigado de flor de laranjeira........176
Bolo de semolina com uvas-passas 30

Ameixa-preta
Bolo pudim de ameixa-preta...................42
Pavê de ameixa-preta...............................314

Ameixa vermelha
Crumble de ameixa vermelha e biscoito
    de amêndoa......................................54

Amêndoa descascada
Sopa fria de frutas tropicais
    com amêndoas.................................. 240

Amêndoa laminada
Baguete recheada com creme de avelã
    com cacau..374
Bolo de chocolate com amêndoa 22
Crumble de ameixa vermelha e biscoito
    de amêndoa......................................54
Maçã assada... 380
Profiterole de amêndoa
    e chocolate.......................................342
Rabanada...370
Sorvete de baunilha com flocos
    de chocolate 264
Sorvete de iogurte e melão................... 268
Torta de damasco......................................72

Amendoim confeitado
Carolina crocante com amendoim
    confeitado 388

Amido de milho
Bolo brevidade..34
Bomba de caramelo cremoso.............. 344
Creme de limão 398
Delícia de nozes...182
Pavlova de frutas vermelhas.................154
Sorvete de pera e baunilha 284
Suflê de chocolate 60
Torta cremosa de baunilha.....................44
Torta de abacaxi e coco 80
Torta merengue de limão........................ 74
Tortinha de manteiga
    de amendoim 112

Amora
Fontainebleau com calda de amora 226
Pavlova de frutas vermelhas.................154
Semifreddo de frutas vermelhas......... 292

Anis-estrelado
Compota de maçã com framboesa
    e merengue.. 396
Sopa fria de frutas cítricas com
    especiarias...................................... 238

Araruta
Creme de morango................................... 394

Arroz arbório
Arroz-doce clássico...................................216
Arroz-doce com coco e maracujá 218

Avelã
Bolo merengue com chocolate
    e avelã 304
Bolo-torta de avelã....................................24
Canelé gelado de cereja e praliné........ 300

Baguete vienense
Baguete recheada com creme de avelã
    com cacau...374

Bala de caramelo
Tortinha de balas de caramelo 108

Bala de caramelo com cobertura
de chocolate
Dueto de musses de caramelo e
    de chocolate branco 208

Banana
Banoffee rápida..310
Barquete de chocolate e banana..........148
Milk-shake de banana e creme de avelã
    com cacau...................................... 406
Pão enrolado de banana e caramelo......372
Rolinho primavera de banana com
    chocolate e caramelo 250
Smoothie de banana e maracujá com leite
    de arroz 404
Sorvete de banana e abacaxi
    caramelizado....................................270
Tacinha de banana e chocolate 194
Tortinha de banana e creme de avelã
    com cacau 110

Baunilha
Amanteigado de amêndoa e canela.....178
Arroz-doce clássico....................................216
Arroz-doce com coco e maracujá 218
Barquete de marrom-glacê 150
Biscoito diamante 180
Bomba de chantili
    com framboesa 348
Canelé de Bordeaux 126
Carolina com chantili 346
Compota de maçã com framboesa e
merengue 396

Crème brûlée..........186
Cupcake com cereja..........132
Cupcake com creme de baunilha..........130
Falso ovo frito..........386
Merengue de framboesa..........156
Ovos ao leite..........188
Panna cotta com calda de framboesa..........222
Papillote tropical com baunilha..........384
Pastel de nata..........140
Pêssego Melba..........282
Pudim de baunilha com calda de framboesa..........228
Rabanada..........370
Rocambole com geleia..........328
Sopa fria de frutas cítricas com especiarias..........238
Sorvete cremoso de abacaxi e coco..........272
Sorvete de baunilha com flocos de chocolate..........264
Sorvete de pera e baunilha..........284
Suspiro colorido..........158
Tacinha de creme de baunilha..........190
Torta cremosa de baunilha..........44
Torta tatin de pera..........82
Tortinha de mirtilo e baunilha..........98
Tortinha de noz-pecã..........104
Trouxinha de maçã e uvas-passas..........382
Trouxinha de manga com calda de chocolate amargo..........254
Vacherin fácil..........224

Bicarbonato de sódio
Bolo de especiarias..........26
Cupcake com cereja..........132
Scone (biscoito irlandês)..........144

Biju
Cheesecake de limão..........48

Biscoito
Banoffee rápida..........310
Cheesecake de morango no pote..........246
Crumble de ameixa vermelha e biscoito de amêndoa..........54
Mil-folhas de praliné com biscoito crêpe dentelle..........316
Milk-shake de cookies e baunilha..........408
Tacinha de banana e chocolate..........194
Torta musse de chocolate rápida..........58
Tortinha de manga e tomilho..........92

Biscoito champanhe
Canelé de groselha..........128
Charlote de morango..........332
Charlote de pera caramelizada..........334
Charlotte gelada de limão..........286
Marquise de chocolate..........330
Pavê de ameixa-preta..........314

Pavê de chocolate e maracujá..........198
Pavê de pêssego com chantili..........230
Tiramisù clássico..........56
Torta de damasco..........72

Brioche
Rabanada..........370

Cacau em pó
Bolo Floresta Negra..........308
Bolo mágico de cacau..........322
Bolo mármore..........16
Flã de cacau..........192
Marquise de chocolate..........330
Rocambole de cacau e cumaru..........354
Suflê de chocolate..........60
Suflê gelado de morango..........288
Tiramisù clássico..........56
Trufa de chocolate..........358

Café
Delícia de nozes..........182
Flã de cacau..........192
Semifreddo de café e pistache..........296
Tiramisù clássico..........56

Calvados
Crepe de maçã com calda de caramelo..........366

Canela
Amanteigado de amêndoa e canela..........178
Sopa fria de frutas cítricas com especiarias..........238
Torta de maçã..........70
Trouxinha de maçã e uvas-passas..........382

Capim-limão
Sopa fria de pêssego e sorvete de iogurte..........234
Vacherin de capim-limão e damasco..........298

Caqui
Papillote tropical com baunilha..........384

Caramelo
Bomba de caramelo cremoso..........344
Crepe de maçã com calda de caramelo..........366
Pão enrolado de banana e caramelo..........372
Pizza doce de chocolate e caramelo..........122
Rolinho primavera de banana com chocolate e caramelo..........250

Castanha portuguesa
Salame de chocolate e castanha portuguesa..........352

Cereja fresca
Bolo Floresta Negra..........308
Canelé gelado de cereja e praliné..........300
Clafoutis de cereja..........46
Cupcake com cereja..........132
Semifreddo tutti frutti..........294

Cerveja
Waffle clássico de limão e açúcar..........368

Chá
Pavê de ameixa-preta..........314
Torta de chocolate com chá preto Earl Grey..........102

Chia
Smoothie de banana e maracujá com leite de arroz..........404

Chocolate
Banoffee rápida..........310
Barquete de marrom-glacê..........150
Barquete de chocolate e banana..........148
Bolo cremoso de chocolate..........18
Bolo de chocolate com amêndoa..........22
Bolo merengue com chocolate e avelã..........304
Bolo Floresta Negra..........308
Brownie com noz-pecã..........20
Cookie de chocolate..........164
Crepe de chocolate com creme de avelã..........364
Dueto de musses de caramelo e de chocolate branco..........208
Flã de chocolate e coco..........202
Fondue de chocolate com frutas frescas..........390
Maravilha de praliné e chocolate branco..........306
Marquise de chocolate..........330
Mil-folhas de praliné com biscoito crêpe dentelle..........316
Milk-shake de cookies e baunilha..........408
Minipizza doce de pera e chocolate..........118
Musse clássica de chocolate amargo..........204
Pavê de chocolate e maracujá..........198
Petit gâteau de chocolate amargo..........124
Pizza doce de chocolate e caramelo..........122
Profiterole de amêndoa e chocolate..........342
Rocambole de creme de avelã com cacau..........62
Rolinho primavera de frutas com calda de chocolate..........252
Rolinho primavera de banana com chocolate e caramelo..........250
Salame de chocolate com castanha portuguesa..........352
Sorvete de baunilha com flocos de chocolate..........264
Suflê de chocolate..........60
Tacinha de banana e chocolate..........194
Torta de chocolate..........100
Torta de chocolate com chá preto Earl Grey..........102
Torta musse de chocolate rápida..........58
Tortinha de chocolate branco..........106
Trouxinha de manga com calda de chocolate amargo..........254

Trufa de chocolate 358

Cereal de arroz
Bolo merengue com chocolate e avelã .. 304

Coco
Bolo mágico de creme de avelã
com cacau 326
Cocadinha rápida 138
Flã de abacaxi e coco............................ 200
Flã de chocolate e coco 202
Musse de coco e limão 214

Coentro
Sagu de frutas cítricas 220

Conhaque
Pavê de ameixa-preta 314

Corante alimentício
Suspiro colorido 158

Cream cheese
Canelé de groselha 128
Cheesecake de limão 48
Cheesecake de morango no pote..........246
Pudim de baunilha com calda
de framboesa 228
Rolinho primavera de banana com
chocolate e caramelo 250
Tortinha de morango..............................90

Creme de avelã com cacau
Baguete recheada com creme de avelã
com cacau 374
Bolo mágico de creme de avelã
com cacau 326
Milk-shake de banana e creme de avelã
com cacau 406
Rocambole de creme de avelã
com cacau 62
Torta sol de pera e creme de avelã
com cacau 114
Tortinha de banana e creme de avelã
com cacau 110

Creme de confeiteiro
Barquete de framboesa 152
Pavê de ameixa-preta 314
Taça de frutas com creme 336
Torta sol de morango 116

Creme de leite em lata
Barquete de chocolate e banana 148
Falso ovo frito 386
Sorvete de banana e abacaxi
caramelizado 270

Creme de leite fresco
Banoffee rápida 310
Bolo Floresta Negra.............................. 308
Bolo merengue com chocolate
e avelã 304
Bomba de caramelo cremoso 344
Bomba de chantili com framboesa 348

Brioche trançado 362
Caramelo cremoso 392
Carolina com chantili 346
Charlote de morango 332
Charlote gelada de limão...................... 286
Cheesecake de morango no pote..........246
Crème brûlée 186
Dueto de musses de caramelo e
de chocolate branco 208
Flã de cacau 192
Flã de chocolate e coco 202
Fondue de chocolate com
frutas frescas 390
Fontainebleau com calda de amora 226
Maravilha de praliné e
chocolate branco 306
Marquise de chocolate 330
Mil-folhas de mirtilo e creme
de violeta 318
Mil-folhas de praliné com biscoito
crêpe dentelle 316
Mont-blanc no pote 244
Musse de caramelo cremoso................. 206
Musse de coco e limão 214
Musse de framboesa 212
Panna cotta com calda
de framboesa 222
Parfait de pistache............................... 290
Pavê de chocolate e maracujá 198
Pavê de pêssego com chantili 230
Profiterole de amêndoa
e chocolate 342
Pudim de baunilha com calda
de framboesa 228
Rocambole de cacau e cumaru 354
Rolinho primavera de frutas com calda
de chocolate 252
Semifreddo de café e pistache 296
Semifreddo de frutas vermelhas 292
Semifreddo tutti frutti 294
Sorvete de baunilha com flocos
de chocolate 264
Sorvete de iogurte 266
Sorvete de limão 260
Sorvete de marshmallow 274
Suflê gelado de morango 288
Taça de creme e marrom-glacê 242
Taça de frutas com creme 336
Tacinha de creme de baunilha 190
Tiramisù clássico 56
Torta amanteigada 66
Torta de chocolate................................100
Torta de chocolate com chá preto
Earl Grey 102
Torta musse de chocolate rápida 58
Tortinha de balas de caramelo 108

Tortinha de chocolate branco 106
Tortinha de praliné rosa...........................94
Vacherin de capim-limão e damasco... 298
Vacherin fácil 224

Creme inglês
Ovos nevados 184

Cumaru
Rocambole de cacau e cumaru 354

Damasco
Torta de damasco....................................72
Vacherin de capim-limão e damasco... 298

Doce de leite
Banoffee rápida 310

Farinha de amêndoa
Amanteigado de amêndoa e canela 178
Amaretto (biscoito italiano) 142
Bolo de chocolate com amêndoa 22
Bolo glaçado de amêndoa 32
Bolo glaçado de limão e amêndoa..........50
Crumble de ameixa vermelha e biscoito
de amêndoa......................................54
Crumble de pera 378
Financier de mel 134
Macaron de amêndoa............................160
Pizza doce de nectarina e manjericão 120
Torta de cereja 38
Torta de frutas com creme
de amêndoa......................................76
Torta de maçã à moda inglesa 88
Torta de pera 68
Torta de Reis com creme
de amêndoa..................................... 350

Farinha integral
Amanteigado integral com geleia 174

Fermento biológico
Brioche trançado...................................362
Bolo tipo kouign-amann........................40
Minibrioche...146
Pão enrolado de banana
e caramelo 372
Torta amanteigada 66

Flocos de milho
Crumble de pera....................................378

Folha de limão-kaffir
Raspadinha de manga e folhas
de limão-kaffir................................ 280

Framboesa
Barquete de framboesa 152
Bomba de chantili com framboesa 348
Cestinha de framboesa 320
Compota de maçã com framboesa
e merengue...................................... 396
Merengue de framboesa 156
Musse de framboesa 212
Naked cake com framboesas 312

Panna cotta com calda de framboesa... 222

Pavlova de frutas vermelhas.................154

Pêssego Melba... 282

Pudim de baunilha com calda
de framboesa....................................... 228

Semifreddo de frutas vermelhas.......... 292

Sorbet rápido de framboesa
e manjericão...256

Torta de ruibarbo e framboesa.............78

Vacherin fácil 224

Frutas cristalizadas

Bolo de frutas...28

Geleia de pétalas de rosa

Cestinha de framboesa 320

Geleias

Amanteigado integral com geleia 174

Barquete de framboesa..........................152

Barrinha com glacê de laranja 172

Bolo glaçado de amêndoa 32

Maçã assada.. 380

Naked cake com framboesas 312

Rocambole com geleia 328

Taça de frutas com creme..................... 336

Torta de cereja..38

Torta sol de morango.............................. 116

Tortinha de maçã em flor.........................96

Gengibre

Smoothie de banana e maracujá
com leite de arroz................................ 404

Grapefruit

Sopa fria de frutas cítricas com
especiarias.. 238

Groselha

Canelé de groselha 128

Pavlova de frutas vermelhas.................154

Semifreddo de frutas vermelhas.......... 292

Hortelã

Rolinho primavera de manga com
calda de maracujá............................... 248

Sopa fria de melão com hortelã 236

Iogurte

Bolo de iogurte 12

Sopa fria de pêssego e sorvete
de iogurte 234

Sorvete de iogurte e melão................... 268

Sorvete de iogurte 266

Sorvete de limão 260

Tacinha de banana e chocolate............194

Vacherin de capim-limão e
damasco.. 298

Kirsch

Bolo Floresta Negra................................ 308

Kiwi

Rolinho primavera de frutas com calda
de chocolate...252

Torta tatin de kiwi e limão 86

Laranja

Bolo de iogurte 12

Laranjada clássica.................................. 402

Sagu de frutas cítricas.......................... 220

Sopa fria de frutas cítricas
com especiarias 238

Sopa fria de frutas tropicais
com amêndoas...................................... 240

Tigelinha de ricota e laranja.................. 232

Leite

Arroz-doce clássico 216

Bolo de especiarias 26

Bolo de semolina
com uvas-passas...................................30

Bolo mágico de cacau 322

Bolo mágico de creme de avelã
com cacau..326

Bolo mármore... 16

Bolo pudim
de ameixa-preta 42

Bomba de caramelo cremoso............... 344

Brioche trançado.....................................362

Canelé de Bordeaux 126

Churros..376

Clafoutis de cereja...................................46

Crème brûlée..186

Crepe de chocolate com creme
de avelã 364

Flã de abacaxi e coco............................ 200

Flã de cacau 192

Massa choux.. 338

Milk-shake de banana e creme de avelã
com cacau 406

Milk-shake de cookies e baunilha 408

Minibrioche...146

Ovos ao leite...188

Pastel de nata..140

Rabanada 370

Sorvete de banana e abacaxi
caramelizado...270

Sorvete de marshmallow 274

Tacinha de creme de baunilha 190

Torta amanteigada 66

Torta cremosa de baunilha.....................44

Torta mágica de limão 324

Trouxinha de manga com calda
de chocolate amargo........................... 254

Leite condensado

Torta mágica de limão 324

Leite de coco

Arroz-doce com coco e maracujá 218

Flã de chocolate e coco......................... 202

Musse de coco e limão...........................214

Sorvete cremoso de abacaxi
e coco 272

Torta de abacaxi e coco 80

Leite fermentado

Scone (biscoito irlandês)........................144

Leite vegetal

Creme de morango.................................. 394

Sorvete de pera e baunilha 284

Sagu de frutas cítricas........................... 220

Smoothie de banana e maracujá com
leite de arroz 404

Licor de pera

Charlote de pera caramelizada............. 334

Limão

Banoffee rápida..310

Barrinha com glacê de laranja 172

Musse de coco e limão............................214

Ovos nevados..184

Panna cotta com calda de framboesa... 222

Pastel de nata..140

Pudim de baunilha com calda
de framboesa..228

Rocambole com geleia 328

Rolinho primavera de banana com
chocolate e caramelo 250

Semifreddo tutti frutti 294

Sorbet de frozen margarita 262

Taça de frutas com creme..................... 336

Torta mágica de limão 324

Limão-siciliano

Amaretto (biscoito italiano) 142

Barquete de chocolate e banana..........148

Bolo glaçado de limão e amêndoa..........50

Charlote de morango 332

Charlote gelada de limão....................... 286

Cheesecake de limão...............................48

Cheesecake de morango no pote..........246

Creme de limão 398

Limonada à moda antiga 400

Madeleine de limão..................................136

Minipizza doce de pera e chocolate 118

Musse de morango..................................210

Raspadinha de limão...............................278

Rolinho primavera de frutas com calda
de chocolate...252

Sagu de frutas cítricas........................... 220

Sopa fria de melão com hortelã 236

Sorbet de morango com suspiro 258

Sorvete cremoso de abacaxi e coco 272

Sorvete de iogurte e melão................... 268

Sorvete de limão 260

Tortinha de maçã em flor.........................96

Tortinha de manga e tomilho..................92

Tortinha de mirtilo e baunilha.................98

Torta de ricota 36

Torta merengue de limão 74

Torta tatin de kiwi e limão 86

Waffle clássico de limão e açúcar 368
Zabaione de limão 196

Limoncello
Charlote gelada de limão........................286

Maçã
Compota de maçã com framboesa
e merengue...396
Crepe de maçã com calda de caramelo . 366
Maçã assada...380
Torta de maçã..70
Torta de maçã à moda inglesa 88
Tortinha de maçã em flor........................96
Trouxinha de maçã e uvas-passas 382

Macadâmia
Tortinha de banana e creme de avelã
com cacau 110

Mamão papaia
Sopa fria de frutas tropicais com
amêndoas 240

Manga
Pavê de chocolate e maracujá 198
Raspadinha de manga e folhas
de limão-kaffir 280
Rolinho primavera de manga com calda
de maracujá 248
Sopa fria de frutas tropicais com
amêndoas 240
Tortinha de manga e tomilho 92
Trouxinha de manga com calda
de chocolate amargo.......................... 254

Manjericão
Pizza doce de nectarina e manjericão 120
Rolinho primavera de frutas com calda
de chocolate...252
Sorbet rápido de framboesa
e manjericão...256

Manteiga com sal
Banoffee rápida.......................................310
Biju..170
Biscoito bretão..166
Bolo de especiarias 26
Bolo tipo kouign-amann..........................40
Caramelo cremoso 392
Financier de mel.....................................134
Mont-blanc no pote 244
Musse clássica de
chocolate amargo............................... 204
Musse de caramelo cremoso............... 206
Shortbread (biscoito inglês) 168
Trufa de chocolate 358

Maracujá
Arroz-doce com coco e maracujá 218
Papillote tropical com baunilha 384
Pavê de chocolate e maracujá...............198
Rolinho primavera de manga com
calda de maracujá............................... 248

Smoothie de banana e maracujá com leite
de arroz.. 404
Sopa fria de frutas tropicais com
amêndoas 240

Margarina
Cheesecake de limão 48

Marrom-glacê
Barquete de marrom-glacê 150
Mont-blanc no pote 244
Salame de chocolate com castanha
portuguesa 352
Taça de creme e marrom-glacê 242

Marshmallow
Sorvete de marshmallow 274

Mascarpone
Bolo Floresta Negra............................... 308
Bomba de chantili com framboesa 348
Carolina com chantili 346
Maravilha de praliné e
chocolate branco................................ 306
Tiramisù clássico 56

Massa choux
Bomba de caramelo cremoso............... 344
Bomba de chantili com framboesa 348
Carolina açucarada 64
Carolina com chantili 346
Carolina crocante com amendoim
confeitado 388
Profiterole de amêndoa e chocolate 342
Samanta... 340

Massa de pizza
Minipizza doce de pera e chocolate....... 118
Pizza doce de nectarina
e manjericão...120
Pizza doce de chocolate e caramelo.......122

Massa filo
Cestinha de framboesa 320
Mil-folhas de mirtilo e creme
de violeta..318
Trouxinha de maçã
e uvas-passas 382
Trouxinha de manga com calda
de chocolate amargo.......................... 254

Massa folhada
Barrinha com glacê de laranja 172
Pastel de nata..140
Torta de maçã..70
Tortinha de maçã em flor........................96
Torta de Reis com creme
de amêndoa... 350
Torta sol de pera e creme de avelã
com cacau 114
Torta tatin de pêssego............................84

Massa podre
Barquete de framboesa...........................152

Torta tatin de kiwi e limão......................86
Torta tatin de pera 82
Tortinha de banana e creme de avelã
com cacau 110
Tortinha de manteiga
de amendoim 112
Tortinha de noz-pecã..............................104

Massa sablée
Barquete de marrom-glacê 150
Barquete de chocolate e banana..........148
Torta cremosa de baunilha......................44
Torta de abacaxi e coco 80
Torta de chocolate.................................100
Torta de chocolate com chá preto
Earl Grey...102
Torta de damasco 72
Torta de frutas com creme
de amêndoa...76
Torta de maçã
à moda inglesa......................................88
Torta de pera 68
Torta de ruibarbo e framboesa 78
Torta merengue de limão 74
Torta sol de morango.............................116
Tortinha de bala de caramelo................108
Tortinha de chocolate branco 106
Tortinha de mirtilo e baunilha 98
Tortinha de morango...............................90
Tortinha de praliné rosa...........................94

Mel
Bolo de especiarias 26
Charlote de pera caramelizada 334
Financier de mel.....................................134
Sopa fria de frutas cítricas
com especiarias 238
Tortinha de manga e tomilho 92
Tortinha de morango...............................90

Melão
Rolinho primavera de frutas com calda
de chocolate...252
Semifreddo tutti frutti 294
Sopa fria de melão com hortelã 236
Sorvete de iogurte e melão.................. 268

Merengue
Bolo merengue com chocolate
e avelã 304
Compota de maçã com framboesa
e merengue.. 396
Pavlova de frutas vermelhas..................154
Torta merengue de limão........................ 74

Mirtilo
Mil-folhas de mirtilo e creme
de violeta..318
Tortinha de mirtilo e baunilha 98
Pavlova de frutas vermelhas..................154
Semifreddo de frutas vermelhas......... 292

Mix de quatro especiarias

Biscoito de Natal com especiarias....... 360
Bolo de especiarias 26

Morango

Charlote de morango 332
Cheesecake de morango no pote.........246
Creme de morango..............................394
Musse de morango..............................210
Pavlova de frutas vermelhas.................154
Rolinho primavera de frutas com calda
   de chocolate....................................252
Semifreddo de frutas vermelhas.......... 292
Sorbet de morango com suspiro 258
Suflê gelado de morango 288
Tortinha de morango..............................90

Nectarina

Pizza doce de nectarina e
   manjericão......................................120

Noz-pecã

Brownie com noz-pecã............................ 20
Tortinha de noz-pecã............................104

Nozes

Delícia de nozes...................................182

Ovo

Génoise (pão de ló francês)..................... 10
Ovos ao leite..188

Papel de arroz

Rolinho primavera de banana
   com chocolate e caramelo................. 250
Rolinho primavera de frutas com calda
   de chocolate....................................252
Rolinho primavera de manga com calda
   de maracujá..................................... 248

Pasta americana

Biscoito de Natal com especiarias....... 360

Pasta de amêndoa

Crumble de ameixa vermelha e biscoito
   de amêndoa..54
Sorvete de pera e baunilha 284

Pasta de amendoim

Tortinha de pasta de amendoim.............. 112

Pasta de avelã pura

Crepe de chocolate com creme
   de avelã... 364

Pasta de pistache

Parfait de pistache................................ 290

Pasta praliné

Maravilha de praliné e
   chocolate branco.............................. 306

Pera

Charlote de pera caramelizada............. 334
Crumble de pera...................................378
Minipizza doce de pera e chocolate 118
Sorvete de pera e baunilha 284
Torta de pera...68

Torta sol de pera e creme de avelã

com cacau 114
Torta tatin de pera 82

Pêssego

Falso ovo frito 386
Pavê de pêssego com chantili 230
Pêssego Melba 282
Sopa fria de pêssego com sorvete
   de iogurte 234
Torta tatin de pêssego 84

Pistache

Cestinha de framboesa 320
Panna cotta com calda de framboesa... 222
Parfait de pistache................................ 290
Semifreddo de café e pistache 296

Praliné

Alasca de chocolate e baunilha 302
Canelé gelado de cereja e praliné........ 300
Maravilha de praliné e
   chocolate branco.............................. 306
Mil-folhas de praliné com
   crêpe dentelle 316
Torta sol de pera e creme de avelã
   com cacau 114

Praliné rosa

Tortinha de praliné rosa...........................94

Purê

Torta de maçã..70

Purês de fruta

Semifreddo de frutas vermelhas........... 292
Sorvete de pera e baunilha 284

Queijo cottage

Fontainebleau com calda de amora....... 226
Taça de creme e marrom-glacê 242

Ricota

Falso ovo frito 386
Tigelinha de ricota e laranja................. 232
Torta de ricota 36

Ruibarbo

Torta de ruibarbo e framboesa...............78

Rum

Bolo básico... 14
Bolo glaçado de amêndoa......................32
Bolo pudim de ameixa-preta...................42
Canelé de Bordeaux 126

Sagu

Sagu de frutas cítricas........................... 220

Semolina

Bolo de semolina com uvas-passas 30

Sorbet de framboesa

Vacherin fácil 224

Sorvete de baunilha

Alasca de chocolate e baunilha 302
Milk-shake de cookies e baunilha 408

Pêssego Melba

Pêssego Melba.....................................282
Profiterole de amêndoa e chocolate......342

Sorvete de chocolate

Alasca de chocolate e baunilha 302

Sorvete de passas ao rum

Canelé gelado de cereja e praliné........ 300

Sucos de frutas

Picolé de suco de frutas........................276

Suspiro

Musse de framboesa............................212
Sorbet de morango com suspiro 258
Vacherin fácil.......................................224
Vaherin de capim-limão e damasco.... 298

Tangerina

Sagu de frutas cítricas......................... 220
Tangerina gelada 356

Tequila

Sorbet de frozen margarita...................262

Tomilho

Tortinha de manga e tomilho 92

Uvas-passas

Bolo de frutas..28
Bolo de semolina com uvas-passas 30
Trouxinha de maçã e uvas-passas 382

Vinagre de fruta

Pavlova de frutas vermelhas.................154

Vinho branco seco

Zabaione de limão................................196

Xarope de açúcar

Sorbet de morango com suspiro 258
Sorbet rápido de framboesa
   e manjericão...................................256

Xarope de agave

Creme de morango.............................. 394
Flã de cacau...192
Rolinho primavera de manga com calda
   de maracujá................................... 248
Torta de damasco..................................72

Xarope de bordo

Sorbet rápido de framboesa
   e manjericão...................................256
Sorvete de pera e baunilha 284
Tortinha de noz-pecã............................104

Xarope de morango

Charlote de morango 332

Xarope de violeta

Mil-folhas de mirtilo
   e creme de violeta...............................318

Crédito das receitas:

© Larousse, DR : 10, 12, 16, 18, 24, 26, 28, 30, 32, 36, 38, 40, 52, 58, 64, 66, 68, 106, 130, 132, 134, 136, 138, 140, 142, 144, 146, 150, 152, 160, 162, 164, 172, 178, 180, 182, 196, 202, 224, 228, 264, 278, 282, 288, 290, 300, 306, 308, 312, 314, 320, 330, 332, 336, 338, 352, 356, 360, 398, 402 ; © I. Guerre : 14, 42, 44, 50, 56, 78, 88, 158, 174, 212, 342, 346, 348 ; © V. Drouet : 20, 124, 286, 334, 366, 380 ; © A. Royer : 22, 92, 154, 166, 168, 186 ; © A. Loiseau : 34, 46, 74, 94, 100, 188, 190, 230, 328, 350, 390, 408 ; © J. Soucail : 48, 122, 222 ; © E. Delprat-Alvares : 54, 292, 294, 296 ; © B. Boyer : 60, 80, 102, 104, 242, 322, 324, 326, 354 ; © C. Jausserand : 62, 110, 276, 310, 318, 370, 406 ; © B. Lagandré : 70, 72, 90, 118 ; © C. Ferreira : 76, 82, 96, 114, 116, 218, 220, 256, 404 ; © B. Abraham : 84, 86, 170, 204, 206, 210, 214, 226, 236, 244, 246, 258, 268, 298, 304, 340, 358, 372, 396 ; © S. Pain : 98, 112 ; © S. Schmidt : 108, 208, 392 ; © M. Martin : 120 ; © L. Dauchy : 126 ; © Q. Pasquesoone : 128, 260, 400 ; © A. Cosson : 148, 262, 280, 376, 388 ; © C. Pessin : 156 ; © C. Antoine : 176 ; © A. Janny-Chivoret : 185, 217 ; © C. Conan : 192, 194, 200, 254, 362, 364, 378, 382, 384, 386 ; © C. Depraz : 198, 232 ; © C. Moreau : 234, 238, 240 ; © E. Frémont : 248, 272, 284, 394 ; © P. Dubois : 250, 252, 374 ; © P. Lusseau : 266, 270, 344 ; © E. Guelpa : 274 ; © R. de Magistris : 302 ; © D. Nieto : 316 ; © M. Chantepie : 368

Crédito das fotografias:

© A. Honegger : 11, 13, 17, 19, 25, 27, 29, 33, 37, 39, 41, 53, 55, 59, 63, 65, 67, 69, 85, 87, 99, 107, 109, 113, 123, 129, 131, 133, 135, 137, 139, 141, 143, 145, 147, 151, 163, 165, 177, 179, 180, 193, 195, 197, 199, 201, 209, 225, 227, 229, 231, 233, 237, 259, 263, 265, 273, 275, 279, 283, 285, 287, 289, 291, 293, 295, 301, 303, 307, 309, 311, 315, 321, 327, 329, 331, 335, 337, 339, 357, 359, 383, 389, 391, 399, 401, 403, 407 ; © A. Princet : 15, 43, 45, 51, 57, 79, 89, 159, 175, 213, 313, 333, 343, 347, 349 ; © P.-L. Viel : 21, 125, 367, 381 ; © O. Ploton : 23, 35, 47, 61, 75, 81, 93, 95, 101, 103, 121, 149, 153, 155, 173, 183, 187, 189, 191, 243, 281, 297, 351, 353, 355, 361, 377 ; © F. Besse : 31, 167, 169, 171, 203, 245, 247, 299, 341, 369, 397 ; © F. Veigas : 49, 223, 251, 253, 375 ; © D. Amar-Constantini : 71, 73, 91, 119, 261, 363, 409 ; © A. Chemin : 77, 83, 97, 115, 117, 219, 221, 257, 405 ; © C. Faccioli : 111, 267, 271, 277, 319, 345, 371 ; © M. Balme : 127 ; © C. Legendre-Brunet : 157 ; © M.-J. Jarry : 161, 305 ; © P. Chivoret : 185 ; © V. Lhomme : 205, 207, 211, 215, 369 ; © G. Czerw : 217 ; © P. Vaures Santamaria : 235, 239, 241 ; © E. Frémont : 249, 395 ; © C. Deslandes : 255, 365, 373, 379, 385, 387 ; © D. Nieto : 317 ; © E. Cino : 323, 325 ; © A. Caron : 393.

Crédito de bancos de imagens (meramente ilustrativas):

© **Shutterstock** : 10 (a, d), 12 (a, e), 14 (d), 16 (d, e), 18 (c, e), 20 (b, f), 22 (c, e), 24 (a, b, d), 26 (c, d), 28 (a, b, e), 30 (b), 32 (c, e), 34 (c, d, e), 36 (a, c), 38 (d, e), 40 (c), 42 (b, e), 44 (b, c, d), 46 (c), 48 (a, d), 50 (b, c), 52 (c, e), 54 (d, e, f), 56 (b, c), 58 (a, b, c), 60 (b, c, e), 62 (b, d), 64 (a), 66 (c), 68 (a, d), 70 (a), 72 (d, e), 74 (b), 76 (a, d, e), 82 (d), 88 (a, c), 90 (c), 92 (d), 94 (c), 96 (d), 98 (a, b), 100 (c), 102 (a, b, c), 104 (a, d), 106 (a, c, d), 108 (b), 110 (d), 112 (c), 116 (c), 124 (e), 126 (b, d, e), 128 (b, e), 130 (d), 132 (d, e), 134 (c, d, f), 136 (d), 138 (b), 140 (c, d), 142 (a, b, d), 144 (e), 146 (a, b), 148 (d), 150 (e), 154 (b, c), 156 (b), 158 (a, d), 160 (c, e), 162 (b), 164 (b), 166 (a, d), 168 (c), 170 (c, d), 172 (a, e), 174 (a, d), 176 (a), 178 (a, b, d), 180 (c, d), 182 (d), 184 (a, d), 186 (b, c, d), 188 (c, d), 190 (b, c, e), 192 (b, c, e), 196 (b), 198 (d), 202 (a), 204 (c), 206 (d, e), 208 (b, c, d), 212 (a, c), 214 (d), 216 (a, c, f), 218 (a, d), 220 (a), 222 (b, d, e), 224 (c, d, e), 226 (a, b), 228 (b, c, e), 230 (b), 232 (d), 238 (f), 240 (c), 242 (a, c), 244 (b, e), 248 (c), 250 (c), 254 (c), 256 (d), 260 (c), 262 (c), 264 (a, c, d, f), 266 (c), 268 (c), 270 (f), 272 (a, d), 274 (c), 276 (a, b), 280 (b), 282 (d), 284 (c, e), 286 (c), 288 (c, d, e), 290 (a, c, d), 292 (b, c, e), 294 (b, d, e), 296 (a, d, e, f), 298 (d), 300 (a, b), 302 (a, c), 304 (c), 306 (a, b, c, e), 308 (a, c), 310 (e), 312 (a), 314 (b), 316 (b, d), 318 (a, b), 320 (e), 322 (a, d, f), 324 (d, f), 326 (a, d, e), 328 (b, c, e), 330 (d), 332 (d), 336 (a, e), 338 (d, e), 342 (a, c, e), 344 (a, e), 346 (a, c, f), 348 (a, c, e), 350 (e), 352 (c), 354 (a, b, d, e), 358 (f), 360 (a, b, c), 362 (d), 366 (a, e), 368 (e), 370 (c), 372 (c, d), 374 (c), 376 (b), 378 (b), 380 (a, e), 382 (c, e), 384 (a, c), 386 (a, b, c, e), 388 (a), 390 (a, b, c), 392 (c), 394 (b), 396 (a, c), 398 (c), 400 (c), 404 (c, d), 408 (c) ; © **Thinkstock** : 10 (b), 12 (b, c), 14 (a, b), 16 (b, c), 18 (a, d), 20 (a, d), 22 (a, d), 24 (c), 26 (b, e), 28 (d), 30 (a, d, e, f), 32 (b, d), 34 (a), 36 (b, d), 38 (a, c), 40 (d), 42 (a, c, d), 44 (a, e), 46 (b, d, e, f), 48 (b, c, e, f), 50 (a, d, f), 52 (a, b), 54 (a, c), 56 (a, d, e), 60 (a, d), 62 (c, e), 64 (b, c), 66 (a, d), 68 (b, c), 70 (c, d, e), 72 (b, c), 74 (a, c, e), 76 (c), 78 (a, b, d), 80 (a, c, d), 82 (b), 84 (a, b), 86 (a, b, c), 88 (b, d), 90 (a, b, e), 92 (a, c, e), 96 (a, b, d, e), 98 (c, d), 100 (d), 104 (c, e), 110 (a), 112 (b, d), 114 (a), 116 (b), 118 (a, b), 120 (a, c, e), 122 (b, c), 124 (a, c, d), 126 (a, c), 128 (a, c), 130 (b, c, e), 132 (b), 134 (b, e), 136 (a, b, c), 138 (a, c), 140 (a, b), 142 (c, e), 144 (c, e), 146 (c, f), 148 (a, b, e, f), 150 (d, f), 152 (a, c), 154 (a, c), 156 (a, c), 158 (b, c), 160 (a, b), 162 (c, d), 164 (b, c), 166 (b), 168 (b), 170 (b), 172 (d), 174 (c, e), 176 (b), 178 (c, f), 180 (b), 182 (a, b, c, e, f), 184 (b), 186 (a, e, f), 188 (a, b), 190 (a, d), 192 (a, d), 194 (a, b), 196 (a, c), 198 (b), 200 (a, b, c), 202 (c, d), 204 (a, d), 206 (a, b, d), 210 (a, b, d), 212 (d), 214 (c, e), 216 (b, c, d), 218 (b, c, e), 220 (b, c, d), 222 (a, c), 224 (a, b), 228 (a, d), 230 (a), 232 (a, b, c), 234 (a, b, d), 236 (a, b, c, d), 238 (a, b, c, d, e), 240 (a, b, d, e, f), 244 (c), 246 (b, c, e), 248 (a, b, d), 250 (b, e), 252 (b, c, d), 254 (a, e), 256 (b, c), 258 (a, b, c), 260 (a, b), 262 (a, b), 264 (b, e), 266 (a, b), 268 (a, d, e), 270 (a, b, c, d, e), 272 (c, e), 274 (a, b), 276 (c), 278 (a, b), 280 (a, c), 282 (b, c, e), 284 (a, b, e, f), 286 (a, b, e, f), 288 (a, b), 290 (b), 292 (d), 294 (a, e), 296 (b), 298 (b, c, f), 302 (b, e), 304 (a, b, d), 306 (d), 308 (d, e), 310 (b, d), 312 (c, e), 314 (a, d, e), 316 (e), 318 (c), 320 (a, d), 322 (c, e), 324 (c), 326 (c), 328 (d), 330 (a, c, e), 332 (a, b, c, d, e, f), 336 (b, d), 338 (a, b), 342 (b, d), 344 (b, c, d), 346 (d, e), 348 (b, d), 350 (c, d), 352 (a, e), 354 (c, f), 356 (a, b), 358 (a, e), 360 (d, e), 362 (a, b, c, e), 364 (a, b, e), 366 (b, d, f), 368 (a, b, d), 370 (a, b, d), 372 (a, b), 376 (a, c, e), 378 (a, c), 381, 382 (a, d), 384 (b), 386 (d), 392 (a), 394 (a), 396 (b, d, e), 398 (a, b, c), 400 (a, b), 402 (a, b), 404 (a, b, e), 406 (a, b, d), 408 (a, b, d) ; © **Larousse** : 10 (c), 12 (d), 14 (c, f), 16 (a), 18 (b), 20 (c), 22 (b), 24 (e), 26 (a), 28 (c), 30 (c), 32 (a, 3), 38 (b), 40 (a, b), 44 (f), 52 (d), 66 (d), 68 (e, f), 70 (b, f), 72 (a), 74 (d), 76 (b, f), 80 (b, e), 82 (c, e), 84 (c), 86 (d), 90 (b), 94 (a, b), 96 (c), 100 (b), 102 (d), 104 (b), 106 (b), 108 (c), 110 (c), 114 (c), 118 (c, e), 120 (b), 122 (d), 130 (a), 132 (c), 134 (a), 136 (f), 138 (c), 140 (e), 144 (a), 146 (d), 148 (c), 150 (c), 152 (b), 156 (d), 158 (e), 160 (d), 162 (a), 164 (a), 166 (c), 168 (a), 170 (a), 172 (b), 174 (b), 176 (c, e), 178 (e), 180 (a), 184 (c), 198 (c), 202 (b), 204 (b), 206 (b, c), 212 (b), 214 (b), 216 (e), 218 (b), 244 (d), 246 (a, d), 254 (b), 272 (b), 300 (c), 302 (c), 304 (f), 310 (a, c), 312 (b), 316 (c, f), 318 (d, e, f), 320 (b, c), 322 (b), 324 (b), 326 (b), 330 (b), 332 (b), 334 (b), 338 (c), 350 (b), 352 (b), 358 (c), 360 (d, f), 364 (f), 366 (c), 368 (c), 370 (e), 374 (b), 376 (d), 380 (b), 382 (b), 392 (b), 394 (b), 398 (d) ; © **Editora Alaúde** : 14 (e), 50 (e), 52 (f), 136 (e), 164 (e), 166 (e), 248 (e), 250 (a), 252 (a) ; © **iStock** : 24 (f), 34 (b), 40 (b), 54 (b), 66 (b), 108 (a), 128 (d), 144 (e), 146 (e), 160 (b), 162 (b), 192 (f), 202 (e), 208 (a), 230 (c), 242 (b), 244 (a), 260 (a), 340 (b), 358 (d), 364 (c), 388 (b), 394 (e).

Copyright © 2017 Larousse
Copyright da tradução © 2019 Alaúde Editorial Ltda.

Título original: *Desserts Inratables!*

Todos os direitos reservados. Nenhuma parte desta edição pode ser utilizada ou reproduzida – em qualquer meio ou forma, seja mecânico ou eletrônico –, nem apropriada ou estocada em sistema de banco de dados sem a expressa autorização da editora.

O texto deste livro foi fixado conforme o acordo ortográfico vigente no Brasil desde 1º de janeiro de 2009.

EDIÇÃO ORIGINAL: LAROUSSE ÉDITIONS
Direção de publicações: Isabelle Jeuge-Maynart e Ghislaine Stora / **Direção editorial:** Émilie Franc
Edição: Marion Dellapina, com assistência de Alice Delbarre / **Projeto gráfico e capa:** Claire Morel-Fatio / **Indexação:** Phillippe Cazabet

PRODUÇÃO EDITORIAL: EDITORA ALAÚDE
Edição: Bia Nunes de Sousa, com assistência de Ana Clara Cornelio / **Tradução:** Célia Regina Rodrigues de Lima
Preparação: Patrícia Vilar (Ab Aeterno) / **Revisão:** Claudia Vilas Gomes, Rosi Ribeiro Melo / **Adaptação de capa:** Cesar Godoy / **1ª edição 2019**

Dados Internacionais de Catalogação na Publicação (CIP) (Câmara Brasileira do Livro, SP, Brasil)

Larousse das sobremesas infalíveis / Larousse ;
[tradução Célia Regina Rodrigues de Lima]. -- São Paulo : Alaúde Editorial, 2019.
Título original: Desserts inratables!
ISBN 978-85-7881-589-9

1. Confeitaria 2. Receitas culinárias 3. Sobremesas (Culinária) I. Ploton, Olivier.

19-25319   CDD-641.86

1. Sobremesas : Receitas culinárias 641.86
Maria Paula C. Riyuzo - Bibliotecária - CRB-8/7639

2019
Alaúde Editorial Ltda.
Avenida Paulista, 1337, conjunto 11
São Paulo, SP, 01311-200
Tel.: (11) 5572-9474
www.alaude.com.br

Compartilhe a sua opinião
sobre este livro usando a hashtag
#SobremesasInfalíveis
nas nossas redes sociais:

/EditoraAlaude
/EditoraAlaude
/AlaudeEditora